ESCOJA EL
GOZO

ESCOJA EL
GOZO

KAY WARREN

CASA
CREACIÓN

Las escrituras marcadas "DHH" han sido tomadas de la Biblia, *Dios habla hoy* , Tercera edición © Sociedades Bíblicas Unidas, 1966, 1970, 1979, 1983, 1996. Usado con permiso.

Las escrituras marcadas "PDT" han sido tomadas de la Biblia, *La Palabra de Dios para todos* (PDT) © 2005, 2008, 2012 Centro Mundial de Traducción de La Biblia. Usado con permiso.

Las escrituras marcadas "BLPH" han sido tomadas de la Biblia, *La Palabra, (versión hispanoamericana)* © 2010 Texto y Edición, Sociedad Bíblica de España. Usada con permiso.

Las escrituras marcadas "TLA" han sido tomadas de la Biblia, *Traducción en lenguaje actual* Copyright © Sociedades Bíblicas Unidas, 2000. Usado con permiso.

Traducido por: www.pica6.com (Salvador Eguiarte D.G.)
Director de diseño: Bill Johnson

Visite la página web de la autora: www.kaywarren.com

Library of Congress Control Number: 2012949398
ISBN: 978-1-62136-133-6
E-book: 978-1-62136-139-8

Impreso en los Estados Unidos de América
13 14 15 16 17 * 7 6 5 4 3 2 1

Para
Kaylie, Cassidy, Caleb, Cole y Claire.
Los llevo en mi corazón.

Reconocimientos

A mi asombrosa familia: Rick, siempre estaré agradecida por la manera en la que me animas, deseoso de verme usar mis dones en el Reino de Dios. Como conoces el proceso de escribir un libro eres paciente cuando estoy distraída y absorta en palabras e ideas. Llegar a casa todos los días a tu amor por mí es uno de los mejores regalos de la vida. Eres mi roca sólida de estabilidad cuando tanto cambia a nuestro alrededor. A Amy, Tommy, Josh, Jaime y Matthew, gracias por creer en mí y por instarme a "solo hazlo, Mamá". ¡Con cada año que pasa, mi amor por ustedes crece más y más! Estoy *tan* orgullosa de las personas en las que se están convirtiendo; llenas de integridad, compasión y esperanza. Oh, y por cierto, ¡gracias por los nietos! Mamá, ¿puedo por favor ser cómo tú cuando crezca? Espero estar tan apasionadamente enamorada de Jesús y sus hijos como tú cuando tenga ochenta y ocho. ¡Qué buen ejemplo eres! Andy, Zac,

Tom, Chaundel, Ryan, Brittany, Alyssa y Luke: ¡nadie ha tenido hermanos, sobrinos y sobrinas más dulces que yo!

Al increíble personal de mi oficina: Paulette, Joy y Jeanne, ¡ustedes hacen mi vida posible! Ustedes han orado por mí, han reído conmigo, se han asegurado de que mi vaso de té helado estuviera lleno, han manejado mi agenda, han hecho diligencias, me han alentado cuando doy contra la pared, han cuidado de mis nietos, y, sobre todo, me han amado. ¿Dónde estaría sin ustedes?

A mi equipo de oración: Ustedes saben quiénes son: son las que me han cargado delante de Dios cuando apenas podía arrastrarme fuera de la cama. Han estado allí en la oscuridad y en el radiante brillo del sol, fielmente intercediendo a todas horas del día y de la noche. Han habido algunos días cuando saber que ustedes estaban hablando con Dios a mi favor y de mi familia marcó la diferencia entre rendirme y seguir adelante.

A las mujeres de la iglesia Saddleback Church: Hemos estado caminando juntas en los raíles paralelos del gozo y la tristeza durante más de treinta años. Ha sido el más alto honor pasar mi vida con ustedes.

Al personal capaz y dedicado de Baker Books y Revell: Jack Kuhatschek, Jennifer Leep, Twila Bennett, Michele Misiak, Janelle Mahlmann, Deonne Lindsey, Claudia Marsh y Dave Lewis y su excelente equipo de ventas. Agradezco su disposición para convertir un sueño en realidad. Andrea Doering, eres una editora soberbia; ¡estoy contenta de que hayas sido la mía!

Contenido

Parte 1 El gozo es mi herencia: Reciba permiso de ser gozosa

1 Busque una vida de gozo 21

2 Muestre la manera en que usted es realmente 39

3 Redescubra a Jesús, el hombre de gozo 51

Parte 2 El gozo es una convicción de mi mente: Descubra una nueva manera de pensar

4 Beber de pozos secos 75

5 Adopte el sistema de valores del cielo 97

6 Crea incluso en la oscuridad 119

Parte 3 El gozo es una condición de mi corazón: Cultive una respuesta del alma que permita que el gozo profundice

7 Alimente el gozo en usted misma 139

8 Alimente el gozo en otros 163

Contenido

Parte 4 El gozo es una decisión de mi conducta: Maneras de escoger el gozo diariamente

9 Vuelva a lo básico   187

10   Amar y reír juntos   207

11 Vea gozo en todas las cosas   227

Conclusión   245

Notas   249

Datos de la autora   253

Los que siembran con lágrimas cosecharán
con gritos de alegría.

SALMOS 126:5, NTV

Solamente el corazón herido tiene derecho
de gozarse.

LEWIS SMEDES

PARTE 1

EL GOZO
ES MI HERENCIA

Reciba permiso de ser gozosa

¡Ya es parte del equipo!
¡Se le ha otorgado la beca!
¡Nos gustaría contratarla!
¿Te quieres casar conmigo?
¡Buen trabajo al lograr esa venta?
¡Acaba de ganar unas vacaciones con todos los
gastos pagados!
¡No hay señal de cáncer!

Estos son algunos de los momentos más dulces de la vida: cuando todo está bien con el mundo, todas sus más hondas esperanzas y sus sueños más locos se vuelven realidad y su corazón está a punto de explotar de felicidad. Tanto que usted podría decir "mi vida no puede ponerse mejor que esto".

Pero también hay otros momentos cuando nada parece salir bien, en los que todo lo que puede salir mal sale mal, y sus esperanzas más hondas y sus sueños más locos caen en pedazos a sus pies. Esos son los momentos en los que su corazón se duele con la amargura de los anhelos insatisfechos y las promesas rotas con un dolor tan poderoso que amenaza con ponerla de rodillas.

¿Dónde cabe el gozo en esas escenas de su vida?

Compartir un tiempo significativo con familiares y amigos, tener un empleo excelente, disfrutar de buena salud, contar con seguridad financiera; ¿no son estos los elementos que conforman una vida feliz? La mayoría podríamos decir que estos momentos felices generan gozo, ¿no es así? Probablemente todas podrían estar de acuerdo en que es difícil que los sentimientos de felicidad lleguen, así que es mejor atraparlos cuando haya oportunidad... ¿eso no es suficiente para usted?

Por otro lado, estamos seguras de que los momentos dolorosos nos roban el gozo; cualquier mujer que diga que está experimentando gozo parada junto a una tumba solamente está dando una respuesta políticamente correcta, ¿no es así? Ninguna de nosotras le creemos, pero asentimos con la cabeza y decimos las palabras correctas para que nadie sepa que por dentro dudamos de la sabiduría de Dios, de su bondad y de su misericordia.

¿Es el gozo realmente una posibilidad para los peregrinos confundidos y abatidos de esta travesía? ¿No es el gozo una palabra bíblica que no tiene nada que ver con la vida real?

Buenas preguntas. De hecho, preguntas bastante buenas. Yo debería saberlo: son mis preguntas. Siento que quizá usted se ha hecho preguntas similares; por lo menos en su mente. Quizá nunca se haya sentido cómoda de expresarlas en voz alta, pero han rodado dentro de su cabeza, especialmente en sus momentos más difíciles.

¿Alguna vez se ha preguntado porque algunas personas parecen experimentar gozo profundo y auténtico en su vida diaria—incluso en los momentos más difíciles—y otras no parecen encontrarlo sin importar lo mucho que lo busquen? Muchas de nosotras eventualmente dejamos de lado la búsqueda, asumiendo que somos lo suficientemente desafortunadas como para haber estado paradas en el lado equivocado de la puerta cuando Dios estaba repartiendo gozo. A menudo me ha parecido que solamente pocas personas con suerte recibieron ese don, así que aquí estoy para decir que ¡he aprendido que eso no es verdad! Aunque no le parezca de ese modo en este momento, el gozo está disponible para usted. Quizá esté pensando: *No experimento tanto gozo como otras personas. No es lo mío.* O: *El gozo significa vivir en negación de todo el dolor en el mundo.* Pero como he descubierto en mi propia vida, el gozo no se trata de sus circunstancias o de cómo se sienta. Definitivamente no tiene que ver con vivir en negación o con ignorar el dolor o la aflicción. El gozo es algo mucho más profundo, más estable y definitivamente más accesible de lo que quizá se haya imaginado.

Esa es la belleza del gozo que ofrece Dios. Ya no necesita vivir en temor o preocupación, porque el gozo de Dios siempre estará disponible para usted. En este mundo usted tendrá aflicción, dice Jesús. Pero todavía puede confiar. Aún puede recibir gozo. Usted no depende de nada ni de nadie—aparte de Dios y de usted misma—para conocer el gozo.

Hay una promesa que le quiero hacer a medida que iniciamos: Voy a ser honesta con usted acerca de mi vida y de mi búsqueda de gozo; quizá más honesta de lo que la haga sentirse cómoda. No voy a refocilarme en mis dudas, fallas y pecados, pero sí voy a reconocer delante de usted—y de mí misma—mis luchas sudorosas en medio de la noche con Dios acerca de mis dudas. Le voy a permitir la entrada al funcionamiento interno de mi fe en proceso porque mi propia fe se apuntala cuando sé que alguien más está luchando y algunas

veces teniendo éxito en que Cristo sea formado en ella. El crecimiento espiritual no sucede automáticamente y pocas veces es
algo lindo; todas vamos a estar "en construcción" hasta el día
en que muramos y finalmente nos apropiemos de la "vida verdadera" (1 Timoteo 6:19). Así que caminemos lado a lado por un
tiempo, y le voy a compartir lo que estoy aprendiendo acerca
de cómo escoger el gozo todos los días…en los mejores y los
peores momentos…todo el tiempo.

1

Busque una vida de gozo

Él volverá a llenar tu boca de risas y tus labios con gritos de alegría.

—JOB 8:21, NTV

El dolor es inevitable, pero la miseria es opcional. No podemos evitar el dolor, pero podemos evitar el gozo.

TIM HANSEL

Como crecí en casa de un pastor, asistí a una universidad cristiana, me casé con un pastor, me volví maestra de la Biblia y coescribí un libro sobre teología sistemática para el cristiano promedio, usted podría asumir naturalmente que tengo resuelta mi vida espiritualmente y que domino este "asunto" del gozo. Desearía poder decir que es una suposición verdadera, pero en realidad, escribí este libro ¡porque no siempre tengo todo resuelto! Usted y yo compartimos luchas y dudas similares, y yo necesito del gozo tanto como usted.

El gozo no me viene fácil; definitivamente soy una mujer más del estilo del vaso medio vacío. De hecho, he luchado con depresión de bajo nivel desde que tengo memoria. De pequeña yo era emocionalmente intensa: lloraba con facilidad, agonizaba por el dolor que otros tenían y llevaba el peso del mundo sobre mis pequeños hombros. Así que no estoy hablándole acerca del gozo desde la perspectiva de una de esas personas delirantemente felices y llenas de vida que nunca tienen un día triste. ¡Algunos días me emociona simplemente sobrevivir!

La Biblia da algunos mandamientos que son extremadamente difíciles de entender e incluso más difíciles de vivir. Uno de los mandamientos más difíciles es perdonar a nuestros enemigos. A la luz de la terrible crueldad y mal que nos podemos infligir unas a otras, esto es semejante a pedirle a un atleta de pacotilla que escale el Everest: imposible. La Biblia también dice que no nos preocupemos de nada. ¿Nada? ¿En serio? Muchas de nosotras pasamos una buena parte de cada hora en la que estamos despiértas preocupadas o ansiosas por algo. ¿Cómo podría Dios esperar razonablemente de nosotras que no nos preocupemos? Pero para mí, un mandamiento todavía más difícil que esos dos es el que se encuentra en Santiago 1:2: "Cuando tengan que enfrentar problemas, considérenlo como un tiempo para alegrarse mucho" (NTV).

¿Está bromeando? Cuando los problemas aparecen en mi camino, mis primeros pensamientos no suelen ser acerca de experimentar gran gozo. Mi reacción típica va más en sintonía con el temor, el pánico, la preocupación e incluso la desesperanza. Por lo menos, me reservo el derecho de renegar y lamentarme por mis problemas. Difícilmente lo veo como una oportunidad para alegrarme mucho.

> Cuando tengan que enfrentar problemas, considérenlo como un tiempo para alegrarse mucho.

Realmente es a causa de mis propias luchas para vivir con gozo que comencé a explorar por qué mis experiencias no concordaban con la Escritura. Estudié la vida de Jesucristo y observé la manera en que los personajes bíblicos como el rey David; María, la madre de Jesús; el apóstol Pablo; y Santiago, el medio hermano de Jesús reaccionaron a las tribulaciones, a las aflicciones y a los tiempos difíciles. Por ejemplo, el apóstol Pablo escribió en Romanos 5:

> Y no sólo esto, sino que también nos gloriamos en las tribulaciones, sabiendo que la tribulación produce paciencia; y la paciencia, prueba; y la prueba,

esperanza; y la esperanza no avergüenza; porque el amor de Dios ha sido derramado en nuestros corazones por el Espíritu Santo que nos fue dado.

ROMANOS 5:3, RVR 1960

Vi una diferencia del tamaño del Gran Cañón entre su vida y la mía, y comenzó a molestarme. Era claro que el gozo "incluso el dolor" es algo que los escritores bíblicos esperaban que los cristianos experimentaran regularmente, pero yo no lo estaba experimentando. Al preguntarme qué era lo diferente en su fe que les permitía responder a sus circunstancias con gozo fui lanzada en una búsqueda intensamente personal. ¿Cuál era la discrepancia entre mis experiencias y las de ellos? Necesitaba saber cómo acortar la gigantesca diferencia que estaba evitando que viviera una vida gozosa.

Les voy a compartir lo que estoy aprendiendo a medida que avancemos, pero déjenme saltar a la conclusión de la búsqueda y decirles los resultados: *El gozo es una decisión.* Nada de lo que diga en el resto de este libro es más crucial para la manera en que viva el resto de sus años que esta pequeña frase: El gozo es una decisión. El nivel de gozo que usted experimente depende completamente de usted. No depende de nadie más; de lo que otros hagan o no hagan, como se comporten o no se comporten. El gozo no puede ser manipulado con las acciones de seres humanos insignificantes. No depende de la cantidad de tristeza o de sufrimiento o de las dificultades que enfrente. El gozo no puede ser tomado rehén por el temor, el dolor, el enojo, la decepción, la tristeza o las heridas. Al final de cualquier día dado, la cantidad de gozo que usted experimente es la cantidad exacta de gozo que usted decide experimentar.

Usted, amiga mía, está a cargo. Entre más pronto abrace esta realidad fundamental, más pronto podrá empezar a vivir una vida llena de gozo.

La curva de campana del gozo

Cada una de nosotras nos acercamos a la idea del gozo de manera distinta. Quizá recuerde alguna clase de educación media-superior o de educación superior sobre la Distribución Gausiana de la Probabilidad—*okey*, probablemente no— pero en español, piense en una gráfica de campana. En un extremo de la curva de campana están las personas que no batallan mucho para tener gozo. Su temperamento natural es optimista y alegre: el vaso está medio lleno. Algunas veces realmente me molestan porque nunca dejan de sonreír y parecen flotar a través de la vida con una actitud alegre, despreocupada y jovial. Murmuro para mí misma: *Me pregunto si ella estaría sonriendo tanto si tuviera mis problemas.* Probablemente ella en realidad está viviendo una vida color de rosa; la vida todavía no la ha golpeado tanto todavía. Pero otra posibilidad es que la vida la *haya* golpeado y que ella haya trabajado espiritualmente de una manera seria y haya aprendido como tener acceso al gozo todos los días. De cualquier manera, algunas mujeres están en el extremo positivo de la curva de campana.

La gran mayoría de nosotras estamos a la mitad de la campana. La vida no es terrible; y somos moderadamente felices, ni demasiado arriba ni demasiado abajo. Normalmente no nos desalentamos o deprimimos de manera exagerada. Reconocemos muchas veces que nos cansamos, posiblemente que nos aburrimos un poco de la rutina y algunas veces incluso nos desinflamos. *¿Gozo diario? No estoy segura. Pero*—añadimos rápidamente—*nada está realmente* mal.

A medida que la curva de campana avanza hacia abajo, hay un pequeño grupo de personas en el otro extremo. Están escondiendo—o no—un muro cavernoso de depresión. Salir de la cama cada mañana es un logro, y los placeres de la vida se han ido; les es difícil sonreír y reír. El gozo simplemente se ha evaporado. Eso puede ser a causa de la tensión en una relación, un cambio en el trabajo, una enfermedad física o incluso por un pesar profundo y pérdida. Aunque las mujeres con depresión suave pueden recuperarse con cierta facilidad, las que están pasando por una profunda pérdida a menudo necesitan años para procesar su dolor antes de llegar a ver una restauración en su equilibrio emocional y espiritual. Pero la depresión que las acompaña puede dejarlas sintiéndose culpables porque saben que se "supone" que deben ser gozosas y no lo son.

La depresión también podría estar presente por un desequilibrio químico. No hablamos mucho de esto, pero muchos cristianos batallan con la depresión y el estrés a causa de un desequilibrio bioquímico. Algunas mujeres padecen desorden bipolar, caracterizado por cambios dramáticos de humor entre periodos de una euforia salvaje y una depresión que las discapacita. La esquizofrenia, los desórdenes de personalidad y muchas otras formas de enfermedades mentales—algunas suaves y otras severas—aquejan a las familias cristianas con tanta frecuencia como a las familias no cristianas. La discapacidad física es obvia para el observador casual, pero el quebrantamiento mental se puede esconder debajo de un exterior de apariencia "normal". Mi amiga Shannon Royce le llama a esto tener una "discapacidad oculta".[1] Lamentablemente, a causa de nuestro deseo innato de negar nuestros problemas y la postura inflexible de los que creen que cualquier irrupción psicológica es mayormente cuestión de un discipulado pobre, los cristianos con frecuencia rehúyen hablar de sus problemas mentales. Esto deja a millones sufriendo solos, avergonzados y, lo peor de todo, sin apoyo de la iglesia. El estigma es real, y duele.

A medida que la curva continúa, hay un grupo todavía más pequeño de personas en el extremo que están contemplando el suicidio. Algunas de ustedes, ya le dieron a la vida su mejor oportunidad, y ya no es suficiente. Están agotadas por la lucha de sobrevivir otro día, y escapar de sus circunstancias dolorosas ha comenzado a dominar sus pensamientos. Incluso usted podría estar preguntándose si su familia no estaría mejor sin usted. Ciertamente *usted* ha pensado que usted podría estar mejor sin tener que experimentar un dolor semejante. El gozo es tan extraño para usted como un país extranjero. Está tan lejos en la distancia que usted cree que nunca lo va a volver a alcanzar, ni está segura de tener la energía de intentarlo. Le parece que es extremadamente difícil hablar de su lucha, especialmente si usted es una seguidora de Cristo: si mencionar la enfermedad mental es un tema arriesgado, entonces hablar del suicidio o de pensamientos suicidas puede ser el tabú máximo en la iglesia.

Es posible que esté leyendo este libro porque alguien que se preocupa mucho por usted está al tanto de la enorme batalla que usted está librando y anhela que usted experimente el gozo una vez más. Como dice John Eldredge: "La historia de su vida es la historia de un ataque largo y brutal contra su corazón a manos de aquel que sabe lo que usted podría llegar a ser y le teme".[2] El enemigo de su corazón, Satanás, no quiere que usted deje el estado de desaliento, pero el amante de su herido corazón, Jesús, tiene un mejor plan para usted que incluye el gozo.

Dondequiera que se encuentre en la gráfica de campana, Dios tiene una palabra de aliento para usted. Hay una esperanza concreta y genuina para tener gozo en su vida. Incluso si usted se encuentra en medio del desaliento en este momento, puede experimentar gozo.

> Usted fue hecha para algo más. Usted fue hecha para experimentar una vida de gozo.

¡No está fuera de su alcance! La felicidad por sí sola nunca será suficiente; es simplemente muy frágil, demasiado poco confiable, muy poco predecible. Usted fue hecha para algo más. Usted fue hecha para experimentar una vida de gozo.

Creada para el gozo

Me encanta un libro de Lewis Smedes escrito hace muchos años llamado: *How Can It Be All Right When Everything Is All Wrong?* [¿Cómo puede todo estar bien cuando todo está tan mal?]. Smedes escribe: "Usted fue creado para el gozo, y si lo perdemos, ¡perdemos la razón de nuestra existencia! Por otra parte, la razón por la que Jesucristo vivió y murió en la Tierra fue restaurarnos el gozo que hemos perdido. [...] Su Espíritu viene a nosotros con el poder de creer que el gozo es un derecho inalienable porque el Señor ha hecho este día para nosotros".[3] Jesús murió para *restaurar el gozo* que es nuestra herencia, el gozo que perdimos cuando Adán y Eva se rebelaron contra Dios y pusieron el escenario para nuestra rebelión espiritual.

Las buenas noticias son que cuando nos damos cuenta de que hemos estado viviendo en rebeldía contra Dios—no necesariamente a través de acciones terribles y grotescas sino por una actitud que dice: "No te necesito, Dios"; tenemos la oportunidad de recibir a Jesucristo como nuestro Salvador y Señor. Y junto con Jesucristo, recibimos el Espíritu Santo (Gálatas 4:4-7). Y con el Espíritu Santo viene este hermoso don del gozo, que es nuestro derecho por nacimiento; no una opción entre muchos, sino nuestro derecho inalienable (vea Gálatas 5:22).

Dios nos *creó* para ser gozosas. Realmente no hay ninguna duda acerca de ello. Pero Dios nos ha dejado la decisión de accesar al gozo. Usted y yo decidimos si vamos a escoger el gozo—creado por Dios, comprado y pagado por la muerte de Jesús, dado como un regalo personal por el Espíritu Santo—o no.

Cuando una lo piensa así, es difícil imaginar por qué alguna de nosotras podría rechazar el regalo de gozo de Dios. Pero algunas veces lo hacemos.

El ferrocarril

Solía pensar que la vida venía en oleadas: Estaba la oleada de circunstancias buenas y agradables, seguida de una oleada de circunstancias malas y desagradables, con mucho ir y venir en medio. Pensaba que nuestra vida era una serie de valles y crestas; algunas veces estamos arriba, y luego abajo. Pero he llegado a darme cuenta de que la vida es mucho más semejante a los dos raíles paralelos del ferrocarril, con el gozo y el pesar corriendo inseparablemente a lo largo de nuestros días.

Todos los días de su vida suceden cosas buenas. Belleza, placer, plenitud y posiblemente incluso emoción. Ese es el raíl del gozo. Pero todos los días de su vida también tienen desilusión, desafíos, luchas e incluso quizá pérdidas para usted o sus seres queridos. Ese es el raíl de la tristeza. La mayoría de nosotras tratamos de "ser más astutas" que el raíl de la tristeza, concentrando nuestros esfuerzos en el raíl del gozo, como si nuestra perspectiva positiva o la descarada negación de la realidad pudieran hacer que el pesar se fuera. Eso es imposible, porque el gozo y la tristeza siempre estarán vinculados. Y en la extraña paradoja del universo, en el momento exacto en el que usted y yo estamos experimentando dolor, también estamos al tanto de la dulzura de amar y la belleza todavía por encontrar. Del mismo modo, en el momento exacto en que estamos llenos de deleite delirante, tenemos el sentimiento persistente de haber caído en cuenta de que las cosas todavía no son del todo perfectas. Sin importar cuán "positivo" pensemos o lo duro que tratemos de visualizar solamente felicidad, el raíl de la tristeza permanece. Uno de nuestros desafíos más difíciles en la vida es aprender cómo vivir en esos dos raíles al mismo tiempo.

¡Pero hay esperanza! Vea hacia delante conmigo.

Mis nietos más chicos son fanáticos de los trenes, así que a menudo los llevo a una pintoresca estación de trenes al aire libre donde se detiene el Amtrak varias veces al día. Cuando el encargado de recoger los billetes no está mirando y no hay moros en la costa, nos paramos juntos en las vías del tren y vemos hacia delante lo más lejos que podemos, esperando captar la primerísima señal de un tren que se aproxime. Al estar en las vías y mirar hacia el horizonte brillante y distante, esos raíles paralelos del ferrocarril se hacen uno, y ya no se distinguen como dos raíles separados.

Esa es la manera en que es para nosotras también. Durante nuestra vida "estamos en las vías" esperando las señales del regreso de Jesucristo. Esperamos las imágenes y los sonidos que nos alerten de que su aparición está sumamente cercana. Miramos fijamente al horizonte, esperando captar un atisbo de Él. Un día, en el brillo de su venida, nos encontraremos con él cara a cara. Y cuando lo hagamos, el ferrocarril de gozo y tristeza se fundirá. La tristeza desaparecerá para siempre, y solamente el gozo permanecerá. Y todo finalmente hará completo sentido. Pero hasta que ese día venga, vivimos con los raíles paralelos del gozo…y la tristeza.

La definición de gozo

¿Por qué somos tan renuentes a creer que el gozo puede ser una realidad para nosotras? Se me ocurren varias razones posibles.

La primera es que la mayoría de nosotras no tenemos ejemplos de personas gozosas. No conocemos mucha gente que haya cruzado la brecha entre la experiencia y lo que la Escritura enseña. La mayoría de las personas que vemos están nadando, al igual que nosotras, en las aguas profundas de muy poco gozo.

¿Cree poder nombrar a dos personas que vivan una vida de gozo de la manera en que la Biblia dice? Algunas de ustedes instantáneamente van a levantar la mano y decir: "¡Por supuesto! ¡Conozco miles de personas que son gozosas!". No me refiero a las personas que son extrovertidas de manera natural y que sonríen y ríen mucho. Me refiero a hombres y mujeres que personifican el tipo de respuesta a los problemas de Santiago 1, los que los consideran una oportunidad para gran gozo. Eso podría cambiar el número de personas gozosas que quizá usted cree conocer. Así que sigamos adelante. ¿Puede pensar en cinco personas? ¿Podría pensar en diez? (¡me siento como Abraham regateándole a Dios para salvar a Sodoma y Gomorra!) Seriamente dudo que muchas de ustedes puedan nombrar con honestidad a diez personas que vivan una vida gozosa. Hace unos años traté de hacer una lista de personas que personificaran lo que significa vivir con gozo. Finalmente, pensé en dos personas; una de ellas estaba muerta y la otra ¡no era yo! Sin ejemplos qué seguir, enfrentamos una tarea atemorizante para dilucidar lo que significa vivir con gozo.

Otra razón por la que estamos renuentes a creer que el gozo está dentro de nuestro alcance es porque examinamos nuestra propia vida y vemos lo lejos que estamos de lo que consideramos una reacción "considérense muy dichosos". Nos decimos: *Uno de estos días voy a procurar el gozo, pero no hoy. O sea, si me cae en el regazo, sería excelente. Pero me sentiría feliz de solamente terminar el día. En serio, ¡me sentiría emocionada por dormir bien hoy! El gozo está demasiado lejos de mí en este momento.*

Así que con base en los hechos de que no vemos ejemplos de gozo y de que nuestra experiencia de vida no se parece a lo que hemos leído en la Biblia, muchas de nosotras hemos concluido que el gozo no nos va a suceder. Si fuera así, sería toda una sorpresa. No sería algo que pudiéramos controlar. Por eso es que nuestra definición de gozo es crucial. Si nuestra definición es inadecuada, podemos asumir equivocadamente que el gozo y la felicidad son sinónimos y que tener sentimientos alegres debe significar que somos gozosas; o que la falta de sentimientos alegres significa que no tenemos gozo. Pasamos el día en un parque de diversiones, o en un evento deportivo, o tenemos unas vacaciones fantásticas y concluimos que los sentimientos de felicidad que estamos experimentando equivalen al gozo; o bien, vemos a una mujer que siempre es jovial y optimista y pensamos que tiene gozo.

No necesariamente. No podemos ver su corazón. No podemos ver dentro de su vida para saber cómo responde cuando vienen los momentos difíciles. Usted ve el rostro que le presenta al mundo, y usted concluye que eso es gozo.

El gozo es la tranquila seguridad de que Dios está en control de todos los detalles de mi vida, la confianza apacible de que finalmente todo va a estar bien y la decisión determinada de alabar a Dios en todas las cosas.

Pero si el gozo no son sentimientos cálidos y difusos o un rostro sonriente, y no depende de las circunstancias, ¿qué es?

Hace unos años, leí una cita de Paul Sailhamer que dijo que el gozo proviene de saber que Dios está en control de nuestra vida.[4] Eso me gustó mucho, pero quería más palabras a su alrededor para expresar adecuadamente lo que creo que la Escritura enseña acerca de cómo vivir una vida gozosa. He escrito la definición de gozo y la he memorizado para recordarme las verdades poderosas cuando me estoy sintiendo tambaleante: El gozo es la tranquila seguridad de que Dios está en control de todos los detalles de mi vida, la confianza apacible de que finalmente todo va a estar bien y la decisión determinada de alabar a Dios en todas las cosas.

¿Lo captó? El gozo es una tranquila convicción ACERCA de Dios. Es una apacible confianza EN Dios. Y el gozo es una decisión determinada a darle mi alabanza A Dios.

Voy a repetir esta definición a lo largo del libro porque necesita penetrar en su alma. Mi oración es que usted también la memorice y que le venga a la mente cuando su mundo parezca estar desmoronándose. Sé cuán profundamente está cambiando mi vida a medida que desarrollo una tranquila convicción *acerca* de Dios y su bondad. Mi confianza *en* Dios está creciendo a medida que confío en que está trabajando tras bambalinas para hacer encajar todos los detalles de mi vida en su buen plan. Y mi determinación de darle mi alabanza *a* Dios me está guiando lentamente al gozo que siempre había anhelado. ¡Quiero lo mismo para usted!

Cuando digo: "Todo va a estar bien", no es el equivalente de: "Don't worry, be happy" [No te preocupes sé feliz] o alguna otra frasecilla ingeniosa. Creer que finalmente todo va a estar bien toma en cuenta accidentes vehiculares, cáncer, banca rota, aborto espontáneo, depresión y cualquier otro pesar que enfrentemos. Decidir creer que Dios siempre está trabajando, tejiendo los fragmentos de nuestra vida, siempre en control de todo, significa que la vida *va* a ser dispuesta para nuestro bien y su gloria.

Por supuesto, queremos todas las respuestas ahora, hoy, en este momento. Y queremos más que respuestas simples. Queremos explicaciones por triplicado con un certificado de que Dios está calificado para tomar esas decisiones; si no fuera mucha molestia. Por eso es que la palabra *finalmente* se encuentra en nuestra definición de gozo. Dios no promete respuestas o explicaciones bajo demanda. Él promete gozo.

Así que el gozo es mucho más que las cosas externas. Es mucho más que un sentimiento alegre, vertiginoso que viene de vez en vez. El gozo del que habla Dios en su Palabra es algo con lo que puede contar. No tiene que ver con las circunstancias de nuestra vida; y eso, he descubierto, son muy buenas noticias.

En los siguientes capítulos, vamos a ver cómo sabemos que Dios nos creó para gozo y cómo la vida de gozo y tristeza de Jesús nos da permiso de escoger el gozo incluso en medio del dolor. También vamos a considerar cómo desarrollar hábitos de la mente y del corazón que nos liberen para escoger el gozo todos los días en nuestros pensamientos, palabras e interacciones con otros.

El gozo no es solamente una añadidura linda a la vida cristiana, el moño sobre la caja del regalo. Es el *propósito* de Dios para su vida. ¡Es tiempo de abrazarlo!

ORACIÓN

Padre, quiero escoger gozo en mi vida. Vuelve a encender la esperanza en mi corazón. Ayúdame a seguir buscando el gozo que me pertenece en Jesucristo. En el nombre de Jesús, amén.

Para reflexionar y aplicar

1. ¿Qué permite usted que evita que viva una vida de gozo?

2. Tome un minuto para leer la definición de gozo de la página 32. Reflexione en silencio en las palabras. ¿Qué palabras son más fáciles de aceptar en su vida? ¿Cuáles son las palabras a las que le es más difícil accesar?

2

Muestre la manera en que usted es realmente

Nuestra boca se llenó de risas; nuestra lengua, de canciones jubilosas.
Hasta los otros pueblos decían: «El Señor ha hecho grandes cosas por ellos».

—Salmos 126:2

Creería en su salvación si
parecieran, un poco más,
personas que han sido
salvadas.

FEDERICO NIETZSCHE, COMENTANDO
SOBRE LOS CRISTIANOS QUE CONOCÍA.

Santiago, el medio hermano de Jesús, que escribió la Epístola de Santiago, no aceptó que Jesús fuera el Mesías durante la vida de Jesús, pero más tarde se volvió pastor y pilar de la primera iglesia. La tradición nos dice que fue martirizado por su fe, así que estoy lista para escuchar lo que este hombre, que escribió las palabras famosas que son la base de este libro, tiene que decir. Ciertamente fue alguien que puso su dinero donde estaban sus palabras. Escribió en Santiago 1:2-4:

> Hermanos míos, considérense muy dichosos cuando tengan que enfrentarse con diversas pruebas, pues ya saben que la prueba de su fe produce constancia. Y la constancia debe llevar a feliz término la obra, para que sean perfectos e íntegros, sin que les falte nada.

Santiago dice que en los momentos difíciles nuestra "fe produce constancia. Y la constancia debe llevar a feliz término la obra", en otras palabras, la prueba hace que usted se muestre tal como es. Este es un pensamiento más bien atemorizante. No importa lo que usted *diga* que cree, o lo que otros *piensen* que usted cree, no hay escondite o fachada cuando nos quitan el piso: cuando recibe un temido diagnóstico, un ser querido fallece, sus finanzas colapsan, sus hijos deciden hacer un desastre de su vida, alguien va a prisión o la enfermedad mental destruye una relación.

La vida de fe que digo tener es revelada en esos momentos; no a Dios, porque Él ya sabe el verdadero estado de mi corazón, sino a mí. La manera en que soy realmente no puede seguir escondida bajo las sonrisas de los domingos o los corteses intercambios con la vecina en el buzón. De pronto, lo que acechaba debajo de la línea del agua de mi alma queda al descubierto, y todas mis grandes declaraciones de fe quedan sin valor. Lo que importa en esos momentos es lo que *hago*.

Algunas veces nuestra reacción a una situación difícil se encuentra tan lejos de una respuesta bíblica que damos un paso atrás boquiabiertas y decimos: "Yo pensaba que era una mejor cristiana que eso. Pensé que era una creyente más madura. Pensé que tenía más vitalidad en mi fe. ¡No tengo nada! No hay mucho que digamos allí. Tan doloroso como sea descubrir los agujeros de nuestra fe, podemos estar agradecidos de que los tiempos difíciles nos dan un informe preciso de dónde necesitamos cambiar y madurar.

Pero hay otro beneficio inesperado que viene cuando mi fe es traída a la luz a través de circunstancias dolorosas: Un mundo vigilante llega a ver lo que significa realmente creer en Dios. En Filipenses 2:14-15, el apóstol Pablo dice: "Háganlo todo sin quejas ni contiendas, para que sean intachables y puros, hijos de Dios sin culpa en medio de una generación torcida y depravada. En ella ustedes brillan como estrellas en el firmamento". Otra traducción dice: "…en medio de la cual resplandecéis como luminares en el mundo" (RVR 1960).

Cuando el cielo se cae y somos lanzadas al caos, nuestra vida de fe de pronto está en exhibición para que todos—vecinos, amigos, familiares no creyentes y compañeros de trabajo—la vean. Y la Biblia dice que nuestra vida de fe debería contrastar fuertemente con la vida de los no creyentes, tanto así que sería como ver una estrella brillante contra la negra oscuridad de un oscuro cielo nocturno; una no puede evitar notar la diferencia.

Muchas amigas y conocidas la ven con ávida curiosidad: ¿Cómo responde una cristiana en esta situación? ¿Qué es lo que hace una persona que va a la iglesia cada semana y que tiene uno de esos emblemas en forma de pescado cuando le suceden cosas malas? Con frecuencia están realmente haciéndose las preguntas no para juzgarla o criticarla, sino porque quieren saber si ser cristiana marca una diferencia práctica en su vida. Cuando usted reacciona exactamente de la misma manera que lo harían ellas en una crisis no pueden evitar preguntarse, ¿para qué necesitaría yo a su Dios? Necesitamos hacernos esa misma pregunta difícil: Si ser una cristiana no marca ninguna diferencia en la manera en que respondemos a los problemas, ¿de qué sirve nuestra fe? ¿Qué hemos ganado por ir a la iglesia cada fin de semana, asistir a los estudios bíblicos, memorizar la Escritura y enviar a nuestros hijos a una escuela cristiana si cuando vienen los problemas somos como todas las demás?

Esto nos lleva de vuelta a nuestra imagen del ferrocarril con los raíles paralelos de la tristeza y el gozo. Cuando las pruebas exponen nuestra vida de fe, ¿otros nos ven abrazando tanto el gozo como el dolor de nuestra vida? No necesitamos practicar uno y negar el otro. Los que están a nuestro alrededor necesitan reconocer que ambos elementos son parte de la vida, y ambos nos dan esperanza para el cielo.

Desarrolle una fe más fuerte

Como ya le dije, me cuesta trabajo escoger el gozo como mi respuesta inicial a las malas noticias. Mi primera reacción suele ser preocupación o ansiedad, no gozo, ni acción de gracias a Dios por su "presente". Y cuando veo este tipo de reacción en mí misma, me desilusiona darme cuenta de lo lejos que sigo estando de ser una mujer de Dios madura.

Pero eso es exactamente lo que Santiago está diciendo. La única manera de crecer espiritualmente—ser maduras y estar bien desarrolladas en nuestra fe—es pasar por el fuego de las pruebas y los problemas. Una fe sin probar es una fe poco confiable. Odiamos el proceso de refinamiento que nos hace más semejantes a Jesucristo en nuestro carácter porque tiene que ver con dolor y tristeza y estrés y conmoción. Ronald Dunn dice: "¿Por qué la lucha es tan incesante? Porque Dios quiere cambiarnos y nosotros no queremos ser cambiados".[1] Todos queremos el *producto* de las pruebas y el dolor: madurez; pero sin tener que pasar por el *proceso*. Pero Santiago nos advierte que no tratemos de zafarnos de los tiempos difíciles tan pronto; si lo hacemos, interrumpiremos el proceso y permaneceremos inmaduras. No quiero ser una infante espiritual o emocional. ¿Y usted?

Este es el momento para otra confesión. Voy a reconocer que le he dicho a Dios: *Por mí esta bien quedarme como un bebé espiritual; puedo vivir permaneciendo inmadura y subdesarrollada porque ¡crecer duele!* Pero en el centro de mi corazón, no es lo que quiero. Quiero que mi fe sea sólida y fuerte, madura y bien desarrollada. Estoy dispuesta a permitir que las pruebas y los problemas expongan mi vida de fe para que sepa permanecer en el sendero hasta ser terminada, no solo por mi propio beneficio sino por el de los que están observando mi vida.

Un mundo de amigas, familiares, vecinas, compañeras de trabajo y conocidas casuales que nos observan tienen preguntas acerca de asuntos espirituales, especialmente con relación al sufrimiento y la presencia del mal en el mundo y en su propia vida. Están mal informadas y confundidas acerca de Dios, Jesús, el Espíritu Santo y la Biblia. La manera en que respondamos a las pruebas—espero que como una estrella que brilla con intensidad en un cielo oscuro—puede hacernos ganar la oportunidad de responder sus preguntas y reflejar con precisión quien es Dios realmente.

Hechos 16:16-34 presenta el relato de cuando Pablo y Silas fueron encarcelados injustamente en Filipos por sanar a una jovencita poseída por demonios. Después de que fueron arrestados, fueron azotados severamente y echados en el calabozo de más adentro donde sus pies fueron asegurados en el cepo. La Biblia dice que alrededor de media noche Pablo y Silas estaban orando y cantando himnos a Dios y que "los otros presos los escuchaban" (v. 25), cuando un fuerte terremoto sacudió los cimientos de la prisión, causando que los prisioneros fueran liberados de sus cadenas.

> Si ser un cristiano no marca ninguna diferencia en la manera en que respondemos a los problemas, ¿de qué sirve nuestra fe?

Era costumbre que los carceleros cometieran suicidio si sus prisioneros escapaban, porque sabían que las autoridades los matarían de todos modos por su falta en asegurar a los que habían sido puestos a su cuidado. Esa noche, cuando el carcelero se estaba preparando para clavarse la espada como respuesta a las puertas abiertas de la prisión, Pablo gritó que todavía estaban en sus celdas. La Biblia registra el asombro del carcelero; temblando cayó delante de Pablo y de Silas y les preguntó: "Señores, ¿qué tengo que hacer para ser salvo?".

Entonces Pablo y Silas—habiéndose ganado el derecho de testificar quién es Dios por su respuesta a los azotes recibidos y el encarcelamiento injusto—le dijeron a este carcelero cómo él y su familia podían ser salvos. El carcelero y su casa siguieron a Jesucristo y fueron bautizados. El relato termina con este versículo: "El carcelero los llevó a su casa, les sirvió comida y se alegró mucho junto con toda su familia por haber creído en Dios" (v. 34).

No estoy convencida de que podría haber respondido de la manera en que Pablo y Silas lo hicieron. Me gustaría decir confiadamente que estaría orando y cantando himnos a todo pulmón, pero creo que más bien estaría llorando y lamentándome a todo pulmón; dejándole saber a todos que se había cometido una injusticia ¡y que alguien tenía que arreglarlo pronto!

Pero no Pablo y Silas. Su vida de fe fue expuesta delante de un mundo de criminales y custodios que los observaba, y fue revelado cómo eran realmente. Brillaron con fuerza como estrellas en el firmamento de terciopelo negro de las cadenas de su prisión, y al hacerlo, hicieron que Dios se viera realmente bien; tan bien que un endurecido carcelero acostumbrado a las protestas falsas de inocencia de los criminales, supo que había algo SUMAMENTE diferente en estos hombres…y su Dios. Él quería lo que ellos tenían, y también lo quería para su familia. Su tranquila seguridad acerca de Dios, su apacible confianza en que finalmente todo estaría bien, y su decisión determinada de alabar a Dios en todas las cosas abrió la puerta de salvación para el carcelero y sus seres queridos.

¿Qué ganó el carcelero de su encuentro con Pablo y Silas? No solamente salvación, ¡sino también gozo!

El mundo vigilante

¿Cuál cree que sería la respuesta si usted le preguntara a sus amigas: "¿Dios sonríe? ¿Te sonríe?"? Muchas personas—incluso las cristianas, si llegamos a admitirlo—creen que Dios es un viejo cascarrabias que está teniendo una mala eternidad (o un mal día) sentado en el cielo observando con su mirada de águila para aplastar los pedacitos más pequeños de felicidad que pudiéramos encontrar. *¿Sonreír? Probablemente no. ¿Sonreírme? No si sabe como soy realmente.*

El mundo también tiene una imagen sesgada de Jesús. ¿Habrá existido una figura en la historia más difamada, mal entendida y mal representada que Jesucristo? Es venerado alternativamente como el Salvador del mundo, el restaurador de los corazones, mentes y relaciones quebrantados, e insultado como la persona más dañina que jamás haya existido, culpable de guerras globales, oportunismo nacionalista, así como de conflicto interpersonal.

Cuando hablamos del Espíritu Santo, hay una confusión total entre los no cristianos. ¿Quién o qué es un "Espíritu Santo"? Vienen a la memoria imágenes de Casper el fantasmita amigable, o la Mansión Embrujada de Disneyland, o el cohibido Mr. Bean ("el Santo Grifo"); simplemente suena raro y atemorizante o ridículo.

La mayoría de la gente también cree que la Biblia es un libro pesimista, lleno de reglas tediosas y anticuadas que no tienen sentido en nuestro mundo ultrasofisticado de tecnología e innovación. O tienen miedo de leer la Biblia, temiendo que no van a poder entender lo que lean o asumiendo que serán bombardeados con palabras de condenación, vergüenza y culpa.

Un mundo vigilante necesita escuchar de nosotras que Dios es la personificación del gozo. Necesitan saber que Jesús fue un hombre de gozo, así como un varón de dolores. Necesitan saber que el Espíritu Santo nos da gozo como un derecho básico que reclamar.

Necesitan saber que la Biblia es un libro de gozo, con más referencias al gozo, la risa y el regocijo que a las lágrimas, el dolor y la tristeza. Recuerde, constantemente tenemos que preguntarnos: *¿Por qué irían a creer que Dios creó el gozo, o que Jesús era un hombre de gozo, o que el Espíritu Santo da gozo, o que la Biblia es un libro de gozo si todo lo que tienen para evaluar es mi vida? ¿Estoy perpetuando el mito de que Dios es un Dios de dolores porque no puedo tener acceso a la vida de gozo que Él diseñó para mí?*

En esta época de mi vida, estoy más que consciente de que mi vida de fe está en exhibición. Durante un largo tiempo quería vivir una vida gozosa y apasionada para que mis hijos pudieran tener un fuerte ejemplo a medida que desarrollaban sus vidas de fe. Pero ahora tengo nietos, sobrinos y sobrinas, y tengo amigas jóvenes que me siguen y es más importante que nunca mostrarles el camino a una vida de gozo; no de felicidad, sino de gozo. Quiero que mis hijos puedan decir: "Mi mamá tenia mucho con lo cual luchar, pero venció su personalidad. No permitió que sus batallas la definieran. Y al final del día, mi mamá era una mujer de gozo". Quiero que mis nietos puedan decir: "Mi abuelita me amaba, y me hacía sentir especial cada vez que estaba con ella". Quiero que mis sobrinas y sobrinos puedan decir: "La tía Kay era un poco peculiar, pero amaba a Jesús y era una mujer de gozo". Quiero que las mujeres jóvenes con las que trabajo puedan decir: "Kay no era perfecta, pero encontró gozo en el Señor, incluso cuando tenía muchas razones para estar triste". Cuando las personas que me están observando más de cerca hagan su breve lista de las personas que vivieron con gozo, yo quiero estar en esa lista. ¿Quiere usted estar en la pequeña lista de alguien?

Dance con gritos de júbilo

Por cierto, en caso de que se estuviera preguntando la respuesta a la pregunta que hice unos párrafos atrás: *¿Dios le sonríe?*, esta es la respuesta:

> Porque el Señor tu Dios está en medio de ti como guerrero victorioso. Se deleitará en ti con gozo, te renovará con su amor, se alegrará por ti con cantos.
> —Sofonías 3:17

Él no solamente le sonríe, ¡canta y danza con gritos de júbilo por usted! Él sabe todo acerca de usted. Él sabe la frecuencia con la que falla en hacer las cosas bien; conoce los momentos en que usted sinceramente desea brillar como una estrella en una noche oscura, pero que no se acerca a lograrlo. Conoce las verdaderas intenciones de su corazón; ve dónde se está esforzando. Está muy al tanto del brutal dolor que la ha hecho pedazos; su corazón se duele con el suyo a medida que usted lucha con aceptar el proceso que la hace madurar. Él sabe lo que nadie más sabrá nunca, pero su respuesta a todo lo que Él ve dentro suyo "¿dentro mío?"es: "esto me hace llorar" que Él danza por nosotras con gritos de júbilo.

Este es el Dios que quiero que este mundo vigilante conozca a través de mí.

ORACIÓN

Padre, estoy luchando en este momento con caer en cuenta que mis problemas exponen mi vida de fe; no estoy segura de realmente querer que mi familia, mis amigas o mis compañeras de trabajo sepan eso de mí. Ayúdame a enfocarme, no en las maneras en que fallo en representarte fielmente, sino en tu deleite en mí. Ayúdame a acercarme más a ti para que pueda desarrollar una vida de fe más fuerte que incluya el gozo en todas las cosas. En el nombre de Jesús, amén.

Para reflexionar y aplicar

1. ¿Qué es lo que su vida de fe revela acerca de la profundidad de su relación con Dios?

2. ¿Cómo la hace sentir entender que Dios danza sobre usted con gozo? Para usted, ¿es fácil de creer? ¿Por qué sí o por qué no?

3

Redescubra a Jesús, el hombre de gozo

Les he dicho esto para que tengan mi alegría y así su alegría sea completa.

—Juan 15:11

Es el corazón que está
inseguro de su Dios, el que
tiene miedo de reír.

GEORGE MACDONALD

Creo que una de las razones por las que olvidamos que la Biblia es un libro de gozo es que no vemos a Jesús, el personaje principal de la Biblia, como un hombre de gozo. Muchas de ustedes ya conocen bien a Jesús. Ha estado en sus mejores días, días en los que su corazón estaba listo de explotar de emoción. *Esta es la cumbre. Este es el pináculo. ¡Estoy tan feliz!* Y Jesús estaba con usted.

Pero Jesús también ha estado con usted en los peores momento, cuando pensaba que su corazón se iba a desintegrar de tristeza, cuando el dolor era tan abrumador que usted no sabía si sobreviviría al siguiente minuto, ni qué pensar el resto de su vida. Él ha estado allí.

La razón por la que Jesús nos puede consolar en nuestro dolor es porque Él también ha sufrido. Isaías 53:3 dice: "Despreciado y rechazado por los hombres, varón de dolores, hecho para el sufrimiento". Es fácil concluir por este pasaje que Jesús era *solamente* un varón de dolores. Pero si lo vemos solamente a través de esos lentes, le vamos a dar un valor menor al que tiene, porque Jesús también era un hombre de gozo.

Y Jesús rió

Dios creó los cielos y la Tierra, así como a la humanidad; lamentablemente, nuestro primer padre humano y nuestra primera madre se rebelaron contra Dios, llevando a que el pecado y la tristeza fueran soltados en nuestro planeta. Como parte de un plan mucho más allá de nuestra finita comprensión, Dios el Padre le dio a Jesús el papel de llegar a ser el Salvador del mundo para restaurar la relación desahuciada entre nosotros y Dios. En ese papel, Jesús dejaría la perfección del cielo y vendría a la Tierra, donde conocería inmenso sufrimiento y dolor y tristeza y dolor de corazón y traición y pérdida. Se volvería un varón de dolores. Pero en su esencia, Jesús era un hombre de gozo.

Este es un punto crucial: En su *papel*, Jesús era un varón de dolores. Pero en su *esencia*—su naturaleza inmutable—Él era un hombre de gozo. De hecho, la Biblia nos dice: "El Hijo del Hombre, por su parte, festeja y bebe" (Lucas 7:34, NTV). ¡Eso me encanta! El Hijo del Hombre no vino encorvado de dolor. No llegó con el ceño fruncido, no como un aguafiestas que no sobreviviría sin su caja de pañuelos desechables. El vino comiendo y bebiendo y amando la vida "dándose un festín" como dice otra versión en inglés.[1]

¿Por qué es entonces que a lo largo de la historia Jesús ha sido retratado como triste, serio y sombrío? ¿Por qué hemos aplanado a Jesús en un personaje unidimensional en lugar de comprender que era tanto un varón de dolores como un hombre de gozo?

Considere las imágenes de Jesús más comunes, como la imagen aséptica de la cabeza de Jesús que cuelga en los salones de escuela dominical a lo largo de Estados Unidos. Esta fue la imagen con la que crecí en mi iglesia, y quizá usted también. En esta imagen, el cabello de Jesús está perfectamente peinado con suaves rizos enmarcando su rostro. No hay sudor o mugre o imperfección en su rostro, ni un solo poro abierto o punto negro en sus mejillas. Sin espinillas, ni arrugas, sin líneas de expresión alrededor de su boca; ni siquiera hay la insinuación de una sonrisa en su suave rostro. De niña, recuerdo haber pensado que tenía que estar muy seria cerca del retrato de Jesús; podía reírme en cualquier otra parte del aula, ¡pero no cerca de Jesús!

Aunque muchas iglesias evangélicas muestran el retrato de un "Jesús amable, manso y suave que no dañaría una mosca, otras iglesias llenan sus espacios sagrados con imágenes de Jesús en sus momentos más agonizantes. De hecho, casi todas las bellas artes a lo largo de los siglos lo retratan en su día más doloroso en la Tierra: el día en que fue golpeado y ensangrentado, con una corona de espinas malignamente enterrada en su cuero cabelludo; el día en que colapsó debajo del peso de la cruz de madera que cargaba sobre su espalda lacerada a lo largo de las calles de Jerusalén; el día que fue brutalmente asesinado.

> En su papel, Jesús era un varón de dolores. Pero en su esencia— quién era Él en su naturaleza inmutable—Jesús era un hombre de gozo.

Algunos de los reconocidos retratos de Jesús se enfocan en el desenlace de su crucifixión, cuando fue bajado de la cruz, flácido y quebrantado. Una de las piezas artísticas más emocionalmente conmovedoras es *La piedad* de Miguel Ángel, con el cuerpo sin vida de Jesús envuelto sobre el regazo de su madre. Toda mujer que haya dado a luz un niño se sintoniza con el *patos* del deseo de su madre de acercar al hijo muerto de su vientre a su corazón una vez más.

Sé por qué las bellas artes han capturado a Jesús en sus momentos más dolorosos; eso no es un misterio. Esa es la razón por la que Él vino a la Tierra; Jesús vino a morir. Vino a ser nuestro Salvador, y ser nuestro Salvador significó dolor. Heridas. Tristeza. Sufrimiento. Registrar eso artísticamente es perfectamente apropiado; realmente sucedió, y fue incluso peor de lo que lo muestran.

El problema es que no equilibramos esas imágenes gráficas de Jesús con otras imágenes alegres, y se nos deja concluir que la suya fue una vida de dolor que terminó en tragedia. En mis esfuerzos por aprender cómo escoger el gozo—incluso en este mundo imperfecto—me propuse descubrir imágenes de Jesús que lo mostraran en los momentos alegres que reflejaran su esencia y no solo su rol.

La primera que encontré es probablemente la más famosa. Es llamada *The Laughing Christ* [El Cristo que ríe]. No van a creer donde apareció por primera vez: en la edición de enero de 1970 de *Playboy*. (No espero que vaya a buscar ese ejemplar para verificar que le estoy diciendo la verdad. Solo créame). Hugh Hefner estaba tan cautivado por la idea de que Jesús pudiera reír. Fue tan sorprendente para él, que en contra de lo que había visto toda su vida, la publicó.

Otro retrato festivo es llamado *The Laughing Jesus* [El Jesús que ríe]. Traté de encontrarlo en una librería cristiana hace unos años, y me dijeron que no lo tenían. Era un pedido especial, y tenía que esperar tres semanas. Pensé: *¿Qué está pasando aquí? Puedo obtener todas las piezas artísticas que quiera de Jesús sufriendo, herido, sangrando, muriendo. Pero, ¿no puedo encontrar una sola imagen qué poner en mi casa que lo muestre riendo y disfrutando la vida?*

Jesús era un hombre vibrante, compasivo, un hombre de dolor y de gozo, que podía participar plenamente de la vida con todo su quebrantamiento. Me suena que es una persona que me gustaría conocer. Si era un varón de dolores y podía experimentar gozo, probablemente yo también.

Así que quiero sacudir las percepciones de Jesús que le han sido enseñadas toda su vida. Voy a dejar que Jesús mismo se lo pruebe a través de su actitud, sus palabras y sus acciones. Hemos estado hablando acerca de la falta de ejemplos de gozo; no hay ninguno mejor que Jesucristo. Su vida es un modelo para cualquiera de nosotras que esté buscando una vida de gozo.

Un hombre de gozo por su actitud

Tres de los Evangelios registran un incidente cuando los padres se arremolinaron alrededor de Jesús para llevarle sus infantes e hijos para que Él los tocara (Mateo 19; Marcos 10; Lucas 18). La Escritura dice que "tomándolos en los brazos, poniendo las manos sobre ellos, los bendecía" (Marcos 10:16). Aunque los padres actualmente son especialmente cautos cuando hay extraños alrededor de sus hijos, los padres siempre han tenido la precaución de no exponer a sus hijos al peligro. Los padres que estaban tan dispuestos de dejar que Jesús tocara y abrazara a sus hijos seguramente sintieron que tenía un corazón tierno hacia los pequeños.

Aun y cuando los padres confiaran en la capacidad de Jesús de cautivar a los niños, eso no significa que los niños automáticamente estarían cómodos a su alrededor, pero no hay registro de que rehuyeran su toque. Todos sabemos que los niños tienen una manera de percibir quiénes son las personas divertidas y las personas alrededor de las cuales no quieren estar. Mis nietos son el gozo de mi corazón, y nos encanta estar juntos, pero sospecho que mis nietos aman a su abuelo de una manera especial. El otro día Caleb de cuatro años le susurró a Rick al oído: "Papa, eres mi amigo favorito". ¡Les encanta estar alrededor de Rick porque él es el alma de la fiesta! Es ruidoso y escandaloso; le encanta hacer cosquillas y jugar y reír y hacer cosas locas que les traen un gran deleite.

Recientemente, en el Día del Abuelo, en la escuela primaria de nuestras nietas, salimos de nuestra visita a las aulas de Kaylie y Cassidy, y salimos con ellas al patio de juegos para el recreo. Yo, la obediente seguidora de reglas, me senté con los otros abuelos seguidores de reglas debajo del toldo en la terraza para almorzar. Rick pasó corriendo a mi lado con mi nieta de ocho años, Kaylie, y Cassidy de seis, cargándolas. Por sobre su hombro me gritó: "¡Voy a jugar con las niñas en el patio de juegos!". Por supuesto, eso me puso nerviosa. *¿Debería estar haciendo eso? ¿No está eso en contra de las reglas de la escuela?* En segundos, una pequeña multitud de niños atraídos por los gritos de risa y deleite, se habían reunido alrededor de Rick mientras jugaba con nuestras nietas el escandaloso juego de "Alto, Siga" con nuestras nietas. Pronto, docenas de niños y niñas corrían gritando hacia Rick cuando decía: "Siga", y luego daban alaridos de terror fingido cuando los correteaba de vuelta a la base durante la parte de "alto" del juego. Por encima de toda la risa y ruido ensordecedor, pude escuchar la eufórica declaración de Kaylie: "¡Mi Abuelo siempre empieza una fiesta!". Es tan cierto.

¡Los niños *saben!* Saben cuando alguien es divertido. Después de que Jesús reunió a los niños en sus brazos, los abrazó y los besó como solamente Dios encarnado lo podía hacer, no puedo imaginar las carcajadas de los niños. Me pregunto si algunas veces no se acercaba a un niño para susurrarle al oído: "¿Ves ese árbol que está allí? ¡Yo hice ese árbol! ¿No es el árbol más genial que hayas visto?". Él interactuaba con ellos de tal manera que querían estar alrededor de Él. Eso nos dice bastante de quién era Él.

No solamente los niños amaban a Jesús, sino que multitudes de adultos lo seguían dondequiera que iba, tanto que se volvió difícil para Él apartarse para orar en privado.

El hecho de que la gente estuviera alrededor de Jesús todo el tiempo no significa que era un galanazo extremadamente bien parecido. De hecho, la Biblia nos dice: "No había nada hermoso ni majestuoso en su aspecto, nada que nos atrajera hacia él" (Isaías 53:2, NTV).

Jesús tenía cierto carisma no identificable que atraía a la gente hacia Él; algo acerca de su comportamiento y la manera en que interactuaba con la gente que era atractivo. Era alguien con el que otros querían estar.

No es sorpresa, entonces, que Jesús fuera invitado a *muchas* fiestas. Usted y yo no invitamos personas, monótonas o aburridas a las fiestas a menos que sintamos cierto tipo de compromiso. Tratamos de invitar personas que sean interesantes y divertidas y que le añadan cierto sabor y chispa a la fiesta.

Así que es interesante para mí que Jesús no solamente era invitado a muchas fiestas, sino que muchas de sus historias están basadas en fiestas. La mayoría tenían que ver con los que eran invitados y los que no. Eso me hace sentido si recordamos que Jesús disfrutaba de la vida. Participaba tan a plenitud de estas fiestas que algunas personas lo acusaban de ser un comilón y un bebedor.

Jesús no era un borracho. Era un tipo fiestero, alguien que estaba allí para socializar con la gente, y no para estar sentado en una esquina cerca de la maceta con la palma. Y a la gente le encantaba. La actitud de Jesús hacia la vida mostraba que era un hombre de gozo.

Un hombre de gozo por sus palabras

Parte de redescubrir a Jesús, el hombre de gozo, tiene que ver con echar una mirada a la manera en que comunicaba su esencia gozosa a través de sus palabras. No solemos pensar en Jesús como alguien que estuviera presentando un número cómico. ¡Pero decía chistes! Él era, de hecho, increíblemente gracioso.

La misma idea de que Jesús decía chascarrillos y que buscaba decir cosas graciosas a su público quizá les pueda parecer ofensivo a las de ustedes que están acostumbradas a pensar en Él solamente como un tipo serio y sombrío. El problema es que usted y yo simplemente no entendemos su humor. El cisma entre el idioma, la cultura y la época evita que entendamos por completo las intenciones de Jesús. Y como no entendemos su humor, tendemos a saltárnoslo.

Tomemos Lucas 18:25 como ejemplo. Si le pidiera que lo leyera en voz alta, probablemente lo leería de manera plana, monótona, sin un énfasis en particular ni muchas inflexiones de voz. "En realidad, le resulta más fácil a un camello pasar por el ojo de una aguja, que a un rico entrar en el reino de Dios". ¡Qué aburrido! Pero esa es la manera en que solemos leer la Escritura: ¡como si estuviéramos leyendo el directorio telefónico! Le garantizo que Jesús no lo dijo así. Él estaba usando una imagen verbal exagerada, que era una manera común en que la cultura judía decía algo gracioso. ¡A su público le encantaba; pensaban que era tremendo! No podían creer las cosas graciosas que salían de sus labios y los chistes que decía.

¿Por qué utilizaba tanto humor? Lo bueno del humor, y que todavía es cierto hoy, es que una vez que usted hace reír a la gente puede también insertar la verdad en ello. Usted no resiste mucho la verdad si se está riendo. Así que Jesús utilizaba el humor para comunicar lo que quería decir, transmitir verdades a los que estaban escuchando que podrían estarse cuidando de aceptar su enseñanza.

Les quiero mostrar otro par de cosas graciosas en las enseñanzas de Jesús.

En Mateo 23:24, Jesús les advierte a los escribas y fariseos: "¡Guías ciegos! ¡Cuelan el agua para no tragarse por accidente un mosquito, pero se tragan un camello!" (NTV). Jesús se estaba refiriendo a su hábito de concentrarse en las leyes diminutas con respecto a lavarse las manos y de ignorar las grandes leyes acerca de amar a su prójimo. Es como colar un pequeño insecto con el cual se está ahogando mientras se traga todo un camello, según Jesús. Para nosotros, no es tan gracioso; para su audiencia era humor agudo y excelente.

Pero mi chiste favorito de Jesús está en Mateo 7:3 y 5. Jesús está hablando a una de las grandes multitudes que se reunían alrededor de Él regularmente. Evidentemente, había notado las discusiones intrascendentes de sus discípulos, porque nuevamente Jesús recurre a la exageración y a la metáfora para decir: "¿Por qué te fijas en la astilla que tiene tu hermano en el ojo, y no le das importancia a la viga que está en el tuyo? [...] saca primero la viga de tu propio ojo, y entonces verás con claridad para sacar la astilla del ojo de tu hermano".

Inténtelo; trate de leerle estos versículos a su mejor amigo o a su grupo pequeño cuando estén juntos esta semana. ¡Háganlo con intensidad! Utilicen sus manos para exagerar la astilla que está en el ojo de su amigo, y luego utilicen gestos MUY GRANDES para indicar el tronco gigante que está en su propio ojo. Le aseguro que usted y sus amigas por lo menos van a sonreír, si no es que se van a reír cuando terminen su pequeño experimento. Lo absurdo de sulfurarse por una pequeña falta en su amigo cuando uno tiene un error colosal en su propia vida se vuelve más claro, y usted captará un atisbo del poderoso estilo de comunicación de Jesús. Cuando leemos estas historias con nuevos ojos, sus palabras cobran vida. Sus relaciones cobran vida. Se convierte en un hombre real que le está hablando a gente real. Un hombre de gozo real.

Un hombre de gozo por sus acciones

Leemos en Juan 2 que Jesús estaba en una boda (¡otra fiesta!) en el pueblo de Caná. Era la costumbre ofrecer vino en las bodas. Ahora bien, no sé si llegaron más personas de las que el anfitrión estaba esperando, pero hacia el final de la celebración se quedó sin vino. Todo lo que quedaban eran unas tinajas de agua.

María, la madre de Jesús, estaba allí. Miró a Jesús y le dijo, más o menos: "Resuelve esto. Sé que te las puedes arreglar".

"—Mujer, ¿eso qué tiene que ver conmigo?—respondió Jesús—. Todavía no ha llegado mi hora" (Juan 2:4). A lo largo de los años, cuando escuchaba esta historia contada en la iglesia, me imaginaba a Jesús diciendo: "¡Mamá! ¿Podrías calmarte? ¡Estás descubriéndome! Por favor, relájate y déjame en paz". Jesús es duro con ella, la critica y le pide que no se meta en lo que no le toca.

Pero ahora, no creo que le haya hablado de esa manera. Ahora que entiendo a Jesús un poco más plenamente, creo que sus palabras sonaban como algo así, dichas en un susurro conspirador: "¡Shhhhh! ¡Mamá! Gracias por creer en mí. ¡Realmente te lo agradezco! Pero hoy no es el día. Todavía no es tiempo, Mamá. Gracias, pero todavía no".

Lo interesante para mí es que Jesús fue y convirtió el agua en vino; y no solo en un vino barato de tienda de abarrotes sino en un vino increíblemente fino con un rico buqué. La Biblia dice que fue el mejor vino que se sirvió ese día.

No sé exactamente por qué Jesús realizó su primer milagro en una boda, pero creo que encaja perfectamente con su esencia gozosa escoger un evento festivo social para develar su ministerio público. Creo que dice algo vitalmente importante acerca de Él.

Otra historia que refleja a Jesús como a un hombre de gozo está en Mateo 14. Jesús ha estado ministrando a miles de personas durante horas, y no se puede escapar de las multitudes. Con una gran necesidad de paz y tranquilidad, les dice a sus discípulos que se suban a la barca y que vayan al otro lado del lago mientras Él se va a la ladera del monte a orar.

En medio de la noche, los discípulos están sorprendidos—asustados y sin palabras de hecho—al ver a Jesús deslizándose por el agua hacia ellos. La Biblia dice que gritaron de terror, pensando que Jesús era un fantasma. Antes de que los critiquemos por su temor, es bueno recordar que nadie había visto a otra persona caminar sobre al agua anteriormente.

Jesús trata de calmarlos identificándose y les insta a no temer. Evidentemente, Pedro rápido acepta que la aparición que camina sobre el agua es Jesús porque clama a Él: "¿Jesús? ¿Realmente eres tú? Si es así, manda que yo vaya a ti sobre las aguas".

Jesús dice: "Soy yo, Pedro. ¡Ven!". Pedro salta de la barca y comienza a caminar sobre el agua hacia Jesús. Jesús le está sonriendo, esperando que venga.

De pronto, el enfoque de Pedro caminando sobre el agua se rompe cuando una brisa helada del lago sopla contra su larga túnica y la precaria naturaleza de su aventura le cae encima como una tonelada de ladrillos: *¡Estoy caminando sobre el agua!* Voltea hacia abajo, y en el momento en que mira hacia abajo, comienza a hundirse. "¡Señor, sálvame", grita. Mateo 14:31 dice: "En seguida Jesús le tendió la mano y, sujetándolo, lo reprendió:—¡Hombre de poca fe! ¿Por qué dudaste?". Toda mi vida he escuchado ese versículo en un tono de voz que comunica condenación: "¡Pedro! ¡Como cuántas veces te he dicho que te voy a cuidar? Dame la mano; en este momento. Levántate, hombre de poca fe".

Ya no creo que haya sido así. Dios no nos critica ni nos hace ver mal cuando tomamos pequeños pasos de fe. Pedro *estaba* tomando pasos de fe cuando bajó de la barca. Dios sabía que necesitaba ánimo, no desaprobación.

Creo que Jesús vio a Pedro con ternura en sus ojos, lo acercó a Él y le dijo: "¡Pedro, Pedro! Hombre de poca fe. ¿Por qué dudaste de mí? Te dije que te iba a cuidar. Aquí estoy". Esa es la manera en que Dios reacciona cuando metemos la pata en nuestros intentos por servirlo.

En otra historia en Mateo 14, la Biblia dice que cinco mil personas escucharon que Jesús estaba en la ciudad y vinieron a buscarlo para que sanara a sus enfermos. El número de la multitud estaba cerca de los quince mil calculando que los hombres trajeron a sus esposas y ellas a sus hijos.

Al acercarse la noche, los discípulos comenzaron a preocuparse por alimentar a la masa de gente que no parecía tener prisa de irse a casa. Hicieron una estrategia entre ellos y resolvieron que el mejor plan era que Jesús le dijera a la multitud que se dispersara y fueran a conseguir comida por ellos mismos. Tenían el discurso ya memorizado y pensaron que Jesús aplaudiría sus habilidades de organización. Sin embargo, Jesús les lanzó una gran curva cuando respondió a su plan con estas palabras del versículo 16: "—No tienen que irse—contestó Jesús—. Denles ustedes mismos de comer".¿Qué esperaba Jesús que hicieran? Los discípulos no podían alimentar a cincuenta personas, ¡ya ni hablar de quince mil! Pero los miró y les dijo: "Denles ustedes mismos de comer".

Nuevamente, estamos tan acostumbrados a tratar superficialmente pasajes familiares de la Escritura que perdemos el chiste de la historia, y nuestra manera seca y desabrida de leer en voz alta solamente empeora el problema. Jesús no se volteó con sus discípulos para decirles: "¡Qué pasa, otra vez metieron la pata! Los pongo a cargo del almuerzo, ¿y qué hacen? Ni siquiera contaron a todas las mujeres y los niños. No puedo confiar en que se encarguen de estos asuntos. Tengo que hacerlo todo yo mismo".

No fue así. Él aprovechó el momento para mostrarles que mientras que ellos no tenían la capacidad de satisfacer la necesidad del momento, no necesitaban preocuparse.

Él cuidaría de ellos, y lo hizo. Tomó el almuerzo de un muchacho que consistía en pescados y panes, y lo partió y lo multiplicó y alimentó a todas esas personas. Y sobró tanto, dice la Biblia, que llenaron doce canastas con comida extra. Jesús cuidó de sus seguidores. No criticó a sus discípulos cuando estaban tratando de encontrar cómo hacer lo que les había pedido.

Hermanas, Jesús era un hombre de gozo. *¡Era un hombre de gozo!* Lo demostró con su actitud; atrajo multitudes que no podían tener suficiente de Él. Lo demostró en sus palabras; era un comunicador maestro que impactaba a los que lo escuchaban en persona hace dos mil años, y nos impacta todavía hoy. Demostró gozo en sus acciones; trató a la gente con buen humor y con un entendimiento paciente de sus vulnerabilidades humanas y tenía la habilidad de llevarlos a la comprensión espiritual que necesitaban.

Su esencia gozosa era evidenciada particularmente en la manera en que interactuaba con sus discípulos. Pasó tres años con ellos, día a día. No pasó esos tres años con ellos como un catedrático del circuito de oradores que los usaba para organizar sus actividades: "Muy bien, revisemos la agenda. ¿Quién va a cuidar del burro esta tarde? Ah, y asegúrense de que la gente sepa que voy a llegar". No se relacionaba como un profesor distante que los hacía sentarse quietos mientras los inculcaba: "Bien, tengo tres puntos que les quiero comunicar hoy, y después les voy a hacer una prueba. ¿Está todo mundo anotando lo que estoy diciendo?".

No, Jesús vivía su vida con ellos. Ellos lo vieron cuando estaba sudoroso y apestoso por una larga caminata de aldea en aldea. Sabían cuando su estómago crujía con dolores de hambre. Probablemente lo escucharon ventosear y eructar algunas docenas de veces. No estoy diciendo esto para ser sensacionalista; realmente lo creo. Jesús pasó casi cada hora despierto—y dormido—con estos doce hombres durante tres años. ¿Cómo es que no se *conocerían* realmente entre sí? Estoy seguro de que Jesús y sus amigos compartieron muchos chistes privados, anécdotas graciosas y recuerdos conmovedores; lo cual sucede solamente cuando las personas pasan tiempo juntas. Estoy convencida de que se reían hasta que les dolía el estómago en cada oportunidad. Los amaba e invirtió en su vida como individuos. Creo que probablemente conocía los nombres de sus familiares de un par de generaciones antes que ellos; conocía la belleza y la disfunción que constituían a cada uno de ellos. Creía en ellos, finalmente les confió el mensaje del evangelio de una relación gozosa con Dios. A medida que su tiempo en la Tierra llegaba a su fin, ellos eran los que Él quería que estuvieran cerca de Él; estos amigos que se habían vuelto como hermanos.

Gozo en un mundo de tristeza

¿Por qué importa que Jesús fuera un hombre de gozo? ¡Importa mucho más de lo que quizá se haya dado cuenta! Algunas de ustedes quizá necesiten permiso para buscar una vida de gozo para ustedes mismas. La carga de pesar que llevan, los problemas de salud, el dolor en sus relaciones, las dudas financieras, las luchas internas y las tentaciones de las que nadie más sabe; algunas veces todo eso las carga tanto que ya dejaron de lado la idea del gozo. En ocasiones he sentido que me puedo identificar con el título dado a Jesús en Isaías; me podría llamar a mí misma: "Kay Warren, mujer de dolores". Probablemente ese título también le quede a usted, y podría poner su nombre igualmente. Muchas de nosotras necesitamos permiso para reconocer el dolor, pero ir más allá de él y aun así escoger una vida de gozo.

Sí, Jesús sufrió, pero no podemos quedarnos allí. No podemos permitir que esa verdad domine cómo actuamos y cómo hablamos de Él. Hubo una *razón* por la que Jesús decidió soportar todo lo que soportó. Hubo una razón por la que permitió ser ensangrentado y golpeado y torturado. Hebreos 12:2 nos da una mirada interna, tras bambalinas, de la razón por la que Jesús permitió que todo eso sucediera: "…quien por el gozo que le esperaba, soportó la cruz…".

Pero, ¿cuál era el gozo que le esperaba? ¿Qué gozo era tan rico, tan satisfactorio, tan profundo que Él estaba dispuesto a sufrir un maltrato tan terrible? ¡*Usted* era el gozo que le esperaba! ¡*Yo* era el gozo que le esperaba! Él sufrió para que pudiera reconciliarse con *usted. Conmigo.* Cuando la gente le escupió, sus discípulos lo abandonaron y todos se burlaron de Él, Él estaba pensando en el gozo. Cuando fue flagelado, cuando le clavaron esa cruel corona de espinas en la cabeza, y cuando fue colgado en la cruz, pudo sobrepasarlo porque se estaba sosteniendo del gozo de presentarnos delante de Dios. *Aquí está ella, Padre; te la traje de vuelta.* El gozo de restaurar la relación rota, de vivir con usted y conmigo para siempre…ese era el gozo que le esperaba, ese fue el gozo que lo mantuvo clavado a la cruz.

Jesús sabía que para que pudiera cumplir con el papel que Dios le dio en la Tierra, tendría que experimentar abandono, traición, tortura y muerte. Sin embargo, sabiendo muy bien lo que le esperaba, decidió reír, decir chistes, rodar por el piso con los niños, desarrollar relaciones significativas, tener un trabajo con un propósito, experimentar gozo.

La vida de Jesús es una ilustración de los dos raíles que convergen en uno. Él nos muestra como ver el gozo, un gozo que algunas veces viene en oscuridad. Y por ese gozo soportó el mayor sufrimiento que alguien haya conocido.

Esto es lo que la vida de Jesús me dice: Es posible experimentar cargas enormes, dolor y luchas—el peso del mundo sobre nuestros frágiles hombros—y todavía experimentar gozo.

> ¿Qué gozo era tan rico, tan satisfactorio, tan profundo que Él estaba dispuesto a sufrir un maltrato tan terrible? ¡**Usted** era el gozo que le esperaba!

La vida de Jesús me recuerda que el gozo es posible sin importar qué. Su vida me da permiso de buscar una vida de gozo para mí misma incluso en un mundo de dolor.

ORACIÓN

Gracias, Jesús, por mostrarme quién eres; que eres un Salvador lleno de gozo.

Jesús, te agradezco que cuando estabas muriendo en la cruz, estabas esperando el gozo de unirte nuevamente conmigo. Gracias a ese gozo, permitiste que fueras torturado y que te mataran. A causa de ese gozo, abriste el camino para que yo entre en una relación contigo. Gracias que llevaste mi pecado, mi rebelión. Gracias que tu vida me muestra cómo vivir. Gracias por mostrarme que incluso en el dolor puedo tener bendiciones y gozo y risa. Enséñame lo que significa escoger el gozo. Te lo pido en el nombre de Jesús, hombre de gozo. Amén.

Para reflexionar y aplicar

1. Relea las palabras de Jesús buscando el lado cómico. ¡Dese permiso de reírse con las metáforas que utiliza!

2. Imagínese a Jesús—el varón de dolores y el hombre de gozo—caminando por la vida con usted hoy. ¿De que se reiría con usted? ¿De que lloraría con usted?

PARTE 2

EL GOZO

ES UNA CONVICCIÓN DE MI MENTE

Descubra una nueva manera de pensar

Al principio de mi matrimonio, no tenía muchas habilidades para resolver conflictos. Cuando Rick y yo teníamos un desacuerdo y mis sentimientos eran lastimados, me encontraba renuente a reconectarme con él, a pesar de que él estaba listo para resolver las cosas. Yo me esperaba a que mis sentimientos negativos se disiparan para que pudiéramos reestablecer la cercanía, pero pasaban horas y los sentimientos negativos seguían ahí. No entendía por qué no podía hacer que mis sentimientos cooperaran, y yo repetía el mismo patrón, discusión tras discusión.

Finalmente, alguien compartió conmigo un principio que alteró nuestra relación: Lo que pensamos determina cómo actuamos, y cómo actuamos determina cómo nos sentimos. Yo estaba operando sobre la creencia de que necesitaba sentirme diferente antes de pensar diferente. Pero la fórmula va al revés: Nuestra mentalidad cambia primero, siguen nuestras acciones y nuestros sentimientos las siguen. En lugar de esperar a que mis sentimientos cambiaran de manera que pudiera actuar en una forma perdonadora, necesitaba cambiar mis pensamientos. En lugar de repasar la discusión, necesitaba repasar la Palabra de Dios en mi mente. Una vez que mis pensamientos volvían a encarrilarse en armonía con las instrucciones de Dios acerca de las relaciones, pude tomar las decisiones correctas sin importar si sentía ganas de hacerlo o no. Rick ha dicho muchas veces: "No puedes generar una acción a través de tus sentimientos, pero puedes generar un sentimiento a través de una acción".

Por eso es bueno que el gozo es mucho más que un sentimiento. La Biblia dice en Filipenses 4:4: "Alégrense siempre en el

Señor. Insisto: ¡Alégrense!" (NTV). Usted no puede darle órdenes a un sentimiento, pero puede comandar un pensamiento y una acción. Dios nos dice cómo debemos pensar y cómo nos debemos comportar, ya que sabe que nuestros sentimientos serán los últimos en alinearse. Como ya hemos dicho, el gozo es la tranquila seguridad acerca de Dios, una apacible confianza en Dios y una decisión determinada de alabar a Dios. Para tener esta tranquila seguridad, debemos tener convicciones acerca de quién es Dios. Necesitamos tener pensamientos correctos acerca de Él.

Ya vimos Santiago 1:2-4 en el capítulo 2, pero vale la pena volver a considerarlo:

> Hermanos míos, alégrense cuando tengan que enfrentar diversas dificultades. Ustedes ya saben que así se pone a prueba su fe, y eso los hará más pacientes. Ahora bien, la paciencia debe alcanzar la meta de hacerlos completamente maduros y mantenerlos sin defecto (PDT).

Otra versión dice: "Considérense muy dichosos", cuando enfrenten dificultades. Otra dice: "Tengan por sumo gozo, hermanos míos, cuando se hallen en diversas pruebas". Considere. Alégrese. Tenga por. Esas palabras tienen que ver con nuestra mente. La manera en que pensamos. La forma en que vemos una situación.

Este pasaje de la Escritura nos dice que el gozo empieza en la mente. Como veremos más tarde en el libro, el gozo también tiene que ver con nuestro corazón, nuestras emociones y nuestra actitud. Finalmente, el gozo se reduce a algo que hacemos. Pero el gozo comienza con una nueva manera de pensar que cambia cómo respondemos a las pruebas en nuestra vida.

Cuando vemos a Dios como realmente es, se lleva a cabo un cambio fundamental en nuestra perspectiva de la vida. De eso es de lo que se trata esta sección.

4

Beber de pozos secos

Esto dice el Señor Soberano, el Santo de Israel: «Ustedes se salvarán sólo si regresan a mí y descansan en mí. En la tranquilidad y en la confianza está su fortaleza; pero no quisieron saber nada de esto».

—Isaías 30:15, NTV

Aquello que no nos satisface
cuando lo encontramos
no era lo que estábamos
deseando.

C. S. Lewis

Considere esto: ¿Qué pasa si las cosas que usted cree que le van a dar gozo realmente no lo hacen? ¿Qué pasa si usted está buscando satisfacción en todos los lugares equivocados, pero no lo cree?

La Biblia nos dice que el gozo está disponible para todas nosotras; no obstante el gozo las elude a muchas. En desesperación, intentamos cualquier cosa y todo lo que podría tener la posibilidad de apagar la sed de gozo. Recurrimos a la gente. Recurrimos al lugar donde vivimos o donde queremos vivir. Recurrimos a nuestras posesiones, a nuestra posición y a nuestra personalidad.

Estas cosas podrán darle felicidad por un tiempo, pero finalmente le fallarán, porque como ya hemos dicho, la felicidad no es suficiente. Nunca lo es. Con aquello que hemos contado para establecer gozo en nuestra vida no es suficiente.

Imagínese esta escena conmigo. Usted está caminando en el desierto en el calor abrasador; usted ha estado caminando en círculos durante días, y está segura de estar perdida. Su sed es abrumadora porque no tiene agua, y si no encuentra un poco rápidamente, se va a morir. Luego ve a la distancia algo que parece un puesto de limonada. Tiene un letrero luminoso de neón que anuncia: "Agua Viva Disponible ¡Aquí!". Dios está atendiendo el puesto, ofreciéndole un vaso de agua fría y cristalina. Se acerca dando tumbos al puesto, apenas puede caminar, y le dice: "¡Gracias, Dios! Veo ese vaso encantador de agua en tu mano, y realmente agradezco tu oferta. Pero si no te importa, voy a tomar la pala que veo allí en el piso y voy a cavar mi propia cisterna". Así que toma la pala y comienza a cavar. Con mucho esfuerzo, se las arregla para hacer una cisterna que retenga agua. Pero muy pronto se cuartea y se seca, y usted está nuevamente sedienta. Todo este tiempo Dios espera pacientemente, sosteniendo el líquido frío y refrescante que promete aliviar su sed desesperada.

¿Se puede identificar con esta escena? Esa podría ser mi historia de búsqueda de gozo: sedienta, anhelando alivio, ignoro la invitación de Dios, decido buscar desesperadamente por mí misma, y me seco.

Por supuesto, no somos las primeras personas en buscar gozo en todos los lugares equivocados. Hace siglos, los israelitas olvidaron que Dios era la fuente de su redención. Recurrieron a los dioses falsos que las naciones circundantes adoraban en lugar de al Dios que los había sacado de Egipto.

A través del profeta Jeremías, Dios les dice a los Israelitas: "Dos son los pecados que ha cometido mi pueblo: Me han abandonado a mí, fuente de agua viva, y han cavado sus propias cisternas, cisternas rotas que no retienen agua" (Jeremías 2:13).

Aquí Jeremías utiliza un lenguaje que su público podría entender fácilmente. "Agua viva" se refiere al agua corriente de los manantiales que nunca se detiene. En Israel, en ese tiempo, los manantiales proveían el agua más confiable, refrescante, fresca y cristalina disponible. En contraste, las cisternas eran grandes fosos cavados en las rocas que se utilizaban para recolectar agua pluvial. El agua de las cisternas no solamente estaba sucia, sino que fácilmente se podía agotar si las lluvias eran ligeras ese año. Las cisternas tampoco eran confiables; si una cisterna tenía una fisura, no podía retener agua.

No era lógico escoger una cisterna por sobre un manantial. Sin embargo, eso es lo que estaba haciendo la nación de Israel cuando abandonó a Yahweh, su Dios, para perseguir dioses falsos.

A semejanza de los israelitas, nosotras—en lugar de buscar a Dios para tener satisfacción en la vida—sacamos nuestras palas y empezamos a cavar nuestras propias cisternas. Creemos que nuestras cisternas retendrán suficiente agua para apagar nuestras almas sedientas. Luego recurrimos a estas cisternas cuando no tenemos suficiente gozo en nuestra vida, esperando que producirán gozo para nosotras.

El problema es que las cisternas que usted y yo cavamos no retienen suficiente agua para pasar los tiempos difíciles. Se rompen y se secan. En lugar de volvernos a Dios, simplemente cavamos un poco más duro. Nos arrastramos día tras día buscando gozo en el mismo lugar que no nos trajo gozo el día anterior.

Larry Crabb dice:

> La gente se está moviendo en direcciones equivocadas como respuesta a su sed. Se rehúsan a confiar en que Dios se encargará de su sed. En lugar de ello, insisten en mantener el control para encontrar su propia satisfacción. Están caminando determinados a satisfacer los anhelos de su corazón a través de tomar una pala, buscar un lugar adecuado para cavar, y luego buscar la plenitud que ellos puedan generar. Si lo decimos en

pocas palabras, la gente quiere estar a cargo de su propia vida. La humanidad caída está al mismo tiempo aterrorizada por la vulnerabilidad y comprometida con mantener su independencia.[1]

Déjeme mostrarle como esto ha operado en mi vida más de una vez. Puedo pensar en una docena de veces en las que he tenido un mal día. La situación está rompiendo mi corazón. Estoy enojada, sola, asustada y ansiosa. Pienso: *Tengo que hablar con alguien. Rick está ocupado. Le voy a llamar a mi amiga. Ella me escuchará.* Y marcó el teléfono de una amiga. Me escucha y me da un consejo excelente. Incluso ora conmigo. Comparte la Palabra de Dios conmigo. Me ayuda unos momentos. Pero después de que cuelgo, me encuentro sintiéndome ansiosa otra vez. Sigo sedienta.

Decido que necesito distraerme. Pongo música que realmente me gusta. Funciona por un rato. Mi humor mejora un poco. Pero luego recuerdo por qué me estaba sintiendo ansiosa. Estoy sedienta de nuevo.

¡Comida! ¡La comida ayudará! Así que empiezo a hurgar en el refrigerador. Me encuentro el asado de anoche y papas y zanahorias, y todo sabe muy bien. Pero sigo sedienta. *¡Papas! ¡Papas con salsa! ¡Papas con guacamole! Las papas con CUALQUIER COSA arreglarán lo que me está molestando.*

Después de algunos minutos de consumo en masa de papas, me duele el estómago pero sigo ansiosa. No obstante, todavía obcecadamente enfocada en aliviar mi sed pienso: *¡Chocolate! Nada puede ponerse en el camino del chocolate.* Así que saco mi tesoro de dulces.

Pero en minutos siento ese dolor familiar de nuevo. *¿Dios,* *por qué sigo tan sedienta? ¡Estoy llena! He hablado con mi amiga. Me he distraído. ¿Por qué sigo tan sedienta? Y, por cierto, ¡por qué no me ayudas? Estoy tratando lo mejor que puedo de estar gozosa, y no puedo entender por qué estás allí parado sin hacer nada.*

He estado tratando de cavar mi propia cisterna. He tomado pala tras pala tras pala en mis intentos de encontrar gozo. Y olvidando el hecho de que Dios *jamás* me va a ayudar a cavar mis propias cisternas, me enojo y me resiento con Dios.

Dios quizá utilice otras cosas y personas en nuestra vida para darnos agua. Pero no nos ayuda a cavar nuestras propias cisternas. No porque sea malo, sino porque sabe que las cisternas que cavemos nos van a dejar sedientas y secas. Él pone sus esfuerzos en atraernos de vuelta a Él, de vuelta al agua viva que Él ofrece.

El autor y escritor M. Craig Barnes escribió: "No espere que Jesús nos salve a través de enseñarnos a depender de las cosas que tenemos miedo de perder [...] Él abandonará toda lucha que busque la salvación en cualquier cosa o persona fuera de Dios".[2]

Así que echémosle una mirada más de cerca a las cisternas rotas—las fuentes falsas de gozo—a las que la mayoría de nosotras acudimos en nuestra búsqueda de gozo duradero.

Mi primera fuente falsa de gozo es la gente: mi esposo, mis hijos, mis amigas, las personas con las que estoy en el ministerio. Yo las busco de manera consistente para que me brinden gozo. Cuando están felices conmigo, yo estoy feliz. Cuando no están felices conmigo, yo no estoy feliz. Me entristece decir que mi nivel de gozo sube y baja casi por completo con base en las personas de mi vida.

Mi marido es la persona más importante a la que acudo para tener gozo. Rick es un hombre sumamente emocional y sus emociones aparecen en su rostro algunas veces cuando ni siquiera está al tanto de ello. Yo siempre estoy tratando de interpretar esas expresiones y de determinar si tienen algo que ver conmigo. *¿Esa mirada querrá decir que está enojado conmigo? ¿Qué significa ese suspiro? Sé que dijo una cosa, pero ¿habrá querido decir otra?* ¡Constantemente estoy evaluando al pobre hombre!

Ocasionalmente, cuando Rick llega a casa del trabajo, después de un día muy duro y estresante, todo lo que quiere hacer es dejarse caer en el sofá, leer el periódico y ver un poco de televisión antes de cenar. No siempre está tan interesado en el hecho de que estoy esperando deseosamente contarle acerca de *mi* día; especialmente cuando acaba de entrar. Si no tengo cuidado, pienso que su humor tiene más que ver conmigo que con que simplemente está cansado. Veo que mi gozo se hunde porque está atado a lo que él hace, lo que dice y cómo parece sentirse.

Me he dado cuenta de que mi nivel de gozo está vinculado a las expectativas que tengo de mi marido; ¡y tengo muchas expectativas! Mi primera expectativa es que cuando hable con él, me escuche. Eso es justo, ¿no? (Sucede que sé que no soy la única que quiere esto). Y no solo espero que me escuche, sino que también espero que entienda lo que quiero decir. Sobre todo eso, espero que él lo dilucide *sin que se lo tenga que explicar*. Me debería comprender tan bien que debería entender exactamente lo que quiero decir y lo que quería decir a pesar de no haberlo dicho. Espero que lo sepa todo el tiempo en cada conversación, ¡sin importar qué otra cosa esté sucediendo en su vida! Y cuando él no cumple con mis expectativas "razonables", mi gozo disminuye. De hecho, se precipita. Usted sabe de lo que estoy hablando, ¿verdad?

También me he dado cuenta de que algunas veces he tenido altas expectativas de encontrar gozo a través de mis hijos. La mayoría de las madres lo hacen. Seamos sinceras. Queremos gratitud. Queremos satisfacción. Tenemos este sueño completamente irreal en nuestra mente. Nos imaginamos entrando en el cuarto de nuestros hijos, para decirles que lo levanten y que ellos responden: "Ay, Mami, te agradezco tanto. Gracias por preocuparte por mi carácter. Gracias por desear que me convierta en un adulto responsable. *Con todo gusto* limpiaré mi cuarto Y lavaré los platos Y regresaré a casa a tiempo. Voy a hacer todo esto sin quejarme, solo para ti, ¡oh gran madre mía!".

> Dios quizá utilice otras cosas y personas en nuestra vida para darnos agua. Pero no nos ayuda a cavar nuestras propias cisternas.

Seguimos esperando escuchar esas palabras para poder tener gozo. ¿Alguna vez sus hijos han reaccionado así? ¿No? Los míos tampoco.

La verdad es que ocasionalmente he mirado a mis hijos y he pensado: *Vamos aclarando las cosas. ¡Tú estás en deuda conmigo! ¡Te di la vida! ¡Te di a luz y perdí mi fabulosa figura por ti! ¡Eres la razón por la que todo está flojo y me cuelga hasta las rodillas! ¡Estás bastante endeudado conmigo!*

Y lo más significativo de todo es que quizá pensemos en una parte secreta de nuestra mente que ESTO no era lo que esperábamos que fuera ser madre. "Estaba contando con un niño saludable, no con un hijo con autismo". "Estaba contando con una hija que absorbiera mi amor cuando la adopté, no una hija que me rechace". "Pensé que tener a mis hijos corriendo alrededor de la cocina durante la cena sería placentero, ¡no que me quisiera hacer gritar!".

¿Cuándo lo vamos a entender? Nuestros hijos no están aquí para satisfacer nuestra necesidad de aprecio. No nacieron para cumplir con *nuestras* expectativas para su vida. Están aquí para cumplir con el propósito de Dios para ellos (Salmos 138:8).

Sin embargo, día tras día recurrimos a nuestros hijos o a nuestro marido o a nuestras amigas o a nuestras compañeras de trabajo para que nos llenen. Cuando no lo hacen, nos enojamos. ¡Están en deuda con nosotras! Es en ese momento que la mayoría de nosotras tomamos nuestras armas preferidas. No estoy orgullosa de las armas que he utilizado cuando estoy herida, pero voy a ser sincera y a compartirle las mías siempre y cuando usted piense honestamente en las suyas. Mi arma favorita cuando estoy desilusionada con alguien es mostrarle indiferencia (la manera no tan sutil de alejarme de la persona que me ofende) o un comentario sarcástico que corta como un cuchillo.

Al blandir nuestra arma preferida, justificamos nuestra actitud. Decidimos que si la otra persona cambiara, seríamos gozosas.

¿Por qué es así? Porque estamos esperando que las personas en nuestras vidas satisfagan necesidades que no pueden satisfacer. Jamás tenían por qué hacerlo.

Simplemente chasquee sus tacones: Lugares

Cuando Rick y yo nos casamos, rentamos un apartamento en un nuevo conjunto que le ofrecía a los inquilinos las unidades de su preferencia con un tema de colores verde limón, azul cielo o marrón oscuro. La alfombra, el papel tapiz y una pared en cada habitación hacían eco del tema de colores. No me pregunte por qué—posiblemente porque estábamos a la mitad de la década de 1970 y todavía estábamos en nuestros días psicodélicos *hippies*—pero escogimos el paquete verde limón. Lo que inicialmente parecía fresco y moderno y vibrante ¡rápidamente se volvió nauseabundo! No podía escaparme del verde limón fluorescente casi en cada superficie de nuestro pequeño apartamento. "¿En qué estábamos pensando? ¿Por qué no escogimos el azul cielo?". Me lamenté con Rick. "¡Jamás voy a volver a vivir en un lugar con alfombra verde limón!". Quién lo iba a imaginar: los dos apartamentos siguientes ¡tenían alfombra verde limón! Como dije, de seguro era la moda de los setentas.

Le apuesto que no soy la única que me arrepiento de la decisión que tomé de dónde vivir. Me imagino que usted ha dicho algo así en algún momento:

> En mi próxima casa voy a tener más espacio para almacenar.

> Debíamos haber comprado ese otro modelo.

> Debería haber rentado algo más cerca de la oficina. Si solamente viviéramos más cerca de mis papás.

> Si solamente no viviéramos tan cerca de tus papás.

¿Cuán a menudo se descubre soñando en el siguiente lugar donde va a vivir? Para muchas de nosotras, nuestra casa, ciudad y vecindario tiene mucho peso. El problema es que nos podemos mudar a una casa nueva, a una nueva ciudad o a un nuevo vecindario y una cosa sigue siendo la misma: ¡nosotras! Nuestras necesidades y expectativas se mudan con nosotras.

Sin importar donde vivamos, nos sentimos tentadas a comparar nuestra casa con otras. Estamos satisfechas hasta que vamos a una fiesta navideña a una casa más grande, mejor decorada o más nueva que la nuestra, y nos descubrimos a nosotras mismas pensando: *Si viviera en esa casa, ¡las fiestas que haría! ¡La cantidad de gente que podría recibir! ¡Las oportunidades de ministrar que tendría si viviera allí en lugar de acá!* Todo el potencial y bondad de nuestra propia casa desaparecen. Y nuestro gozo se va con ellos.

Allí estará también su corazón: Las posesiones

La Biblia es clara acerca de lo engañoso que es obtener posesiones como un medio para encontrar gozo (Mateo 13:22), y nos dice repetidamente que la adquisición de cosas materiales puede ser una trampa. Lucas 12:15 dice: "¡Tengan cuidado con toda clase de avaricia! La vida no se mide por cuánto tienen" (NTV). Jesús lo establece en términos sumamente claros en Mateo 6:19-21: "No almacenes tesoros aquí en la tierra, donde las polillas se los comen y el óxido los destruye, y donde los ladrones entran y roban. Almacena tus tesoros en el cielo, donde las polillas y el óxido no pueden destruir, y los ladrones no entran a robar. Donde esté tu tesoro, allí estarán también los deseos de tu corazón" (NTV). La búsqueda de la riqueza como medio para tener gozo perdurable no solamente es una pérdida de tiempo y una manera poco exacta de medir lo que realmente valemos, sino que la Biblia nos dice que desear siempre un poco más nos lleva a tener celos y envidia de los que tienen un éxito material y financiero mayor que el nuestro.

La Biblia dice que la envidia corroe los huesos (Proverbios 14:30). La envidia solamente tiene un resultado en nuestra vida: descontento. Y el descontento se infiltra hasta el centro de quiénes somos, hasta la médula que debería producir salud y nos destruye de adentro hacia fuera. El descontento es feo, y nos convierte en mujeres agrias y amargas.

¿Recuerda lo feliz que era de chica la mañana de Navidad, completamente emocionada por la nueva Barbie y un par de vestidos realmente lindos para la muñeca, hasta que iba a la casa de junto a presumirle su botín a su mejor amiga solamente para descubrir que a ella le habían dado la Barbie junto con Ken, el convertible Y la residencia? De pronto su Barbie se veía solitaria con su nueva ropa. En lugar de estar contenta por la buena fortuna de su amiga, todo su placer se evaporaba en segundos una vez que la envidia entraba. Alguien nos debería haber advertido entonces que el asunto solamente empeoraría con la edad y que los juguetes se volverían más sofisticados.

Ahora nos imaginamos que si solamente tuviéramos "esa otra cosa" tendríamos más gozo. *He tenido esa licuadora durante diez años, y ya es tiempo de reemplazarla. Probablemente si tuviera una licuadora nueva de hecho la usaría. Posiblemente empezaría a hacer licuados en la mañana. Quizá una nueva licuadora me cambie la vida. Y si tuviera una televisión más nueva, una con una pantalla más grande, o una computadora nueva, podría marcar una verdadera diferencia en mi vida también. Eso es lo que está mal. No tengo una [llene el espacio] nueva.*

Por eso es que la Biblia tiene palabras de advertencia tan fuertes acerca de valorar el dinero y las posesiones materiales por sobre las personas y las relaciones. Dios sabe que hacerlo tiene el poder de arrebatarnos el gozo.

En lugar de ello, podemos moldear nuestra vida conforme al ejemplo del apóstol Pablo. Muchas de ustedes se han memorizado Filipenses 4:13: "Todo lo puedo en Cristo que me fortalece", pero no tienen idea del contexto de ese versículo. Pablo le estaba diciendo a sus amigos en Filipo que no se alarmaran por sus necesidades financieras: "No digo esto porque esté necesitado, pues he aprendido a estar satisfecho en cualquier situación en que me encuentre. Sé lo que es vivir en la pobreza, y lo que es vivir en la abundancia. He aprendido a vivir en todas y cada una de las circunstancias, tanto a quedar saciado como a pasar hambre, a tener de sobra como a sufrir escasez" (Filipenses 4:11-12). Después de asegurarles que puede estar bien con poco o con mucho, *entonces* les dice cómo: en Cristo que me fortalece.

Pablo dice: "No se preocupen por mí; he descubierto cómo tener gozo (estar satisfecho) cuando los tiempos son fantásticos y cuando los tiempos son terribles. De cualquier manera, encuentro satisfacción a través del poder de Jesucristo. Cuando tengo mucho, me recuerdo a mí mismo que las riquezas terrenales son efímeras y me rehúso a buscar más codiciosamente. Cuando estoy en necesidad, me recuerdo a mí mismo que las riquezas terrenales no pueden definir mi valía; Dios cuidará de mí. Enfrento la vida por medio del poder que recibo de mi Salvador, Jesús".

No hay duda de por qué Pablo vivía con gozo; encontró su fuerza en Jesús, no en sus posesiones.

Solitaria en la cima: Posición

En toda iglesia o trabajo existe una jerarquía (expresa o tácita). Estamos felices en tanto que nosotras estemos a gusto con el lugar que ocupamos en la jerarquía. ¡Pero esperen! Que alguien reciba el crédito por *su* idea, obtenga la promoción que usted pensaba era suya, gane más dinero que usted a pesar de que trabaja lo doble de duro, y la felicidad sale volando por la ventana.

Pronto usted comienza a pensar que estaría mucho más feliz con esa posición. Comienza a planear cómo hará su siguiente movida sobre la compañera de trabajo que tiene el puesto que usted quiere. Para empeorarlo, es tentador empezar a ver sobre su hombro para ver quien está subiendo la escalera detrás de usted lista para empujarla y sacarla de su lugar.

Querer una posición o puesto diferente no está mal. Pero el gozo no sobrevivirá en un ambiente de suspicacia, codicia o resentimiento, porque cada una de esas reacciones sugiere dependencia de una cisterna hecha en casa. Implican que la nueva posición o un mayor reconocimiento traerán más gozo del que tiene ahora. Y esa es una idea que no retendrá agua.

No eres tú soy yo: Personalidad

La última fuente falsa de gozo es de la que creo dependemos diariamente sin estar al tanto de ella: nuestra personalidad. Creemos firmemente que las extrovertidas llevan la delantera cuando se trata del gozo. Estaban delante de nosotras en la fila cuando Dios repartió el gozo, así que están más felices con la vida. Pensamos que si no tenemos la personalidad correcta para el gozo, entonces no estamos hechas para ello, como si el gozo solamente estuviera disponible para cierto tipo de persona.

Hace unos años estaba viendo una caricatura de Winnie the Pooh con mis hijos cuando pensé: *¡Rick es justo como Tigger!* Esa idea graciosa me lanzó al hábito divertido de asignarles etiquetas a otras personas que amo, y antes de darme cuenta nació "La escuela de personalidades de Winnie the Pooh". Por supuesto, no es científico, y si realmente quiere estudiar la personalidad, no hay falta de información académica disponible. Este es solamente un acercamiento simple a los cuatro tipos básicos de personalidad de una manera alegre.

Veamos primero a Winnie the Pooh. A Pooh no le afecta casi nada excepto su impulso por encontrar miel. Es una persona bastante despreocupada, con reacciones emocionales medianas, ¡y que no entiende por qué los demás se emocionan tanto con todo! Si usted tiene una amiga que es una despreocupada Winnie the Pooh, es probable que le fuera sumamente difícil tomar decisiones. Si usted le dice: "¿Por qué no escoges a donde ir a comer hoy?", ella probablemente conteste: "Ay, no me importa; ¿por qué no escoges mejor tú?". Si usted insiste: "No, esta vez decide tú;

yo he escogido el restaurante las últimas tres veces", ella probablemente se retorcerá y objetará con: "No, realmente me da igual; escoge tú". ¡En este momento usted probablemente está lista para estrangular su tierno y lindo cuello de Pooh! Pero necesitamos amigas Winnie the Pooh porque se mantienen estables y seguras cuando el resto de nosotras estamos girando locamente fuera de control.

Luego está Conejo. Las Conejo son orientadas hacia las metas; quieren que el jardín esté bien plantado y lo quieren plantado *ahorita*. Las Conejo son las que buscan logros y están orientadas hacia tareas a realizar y las que hacen que las cosas se hagan en la vida. Cada comité necesita algunas Conejo porque van a poner todos los puntos sobre las íes; ¡y el evento quedará bien organizado! Pero su amiga Conejo probablemente no sea la persona a la cual acudir cuando necesite consuelo o aliento si está teniendo un mal día. Las Conejo no son conocidas por su alto coeficiente empático. Probablemente escuchen con impaciencia su triste aventura y digan: "¡Recomponte! ¡La vida es dura! ¡Tienes que volver a ese lugar para seguir intentándolo!". Pero necesitamos a las Conejo. El mundo estaría patas arriba sin ellas. Nada se realizaría sin las Conejo que hacen estrategias y realizan los sueños.

Las Tigger son las extrovertidas. Son las personalidades rebotadoras, desafiantes, con garbo, con garra, divertidas, divertidas, divertidas, divertidas, divertidas. Entran a una habitación y vacían todo el oxígeno en ella por la fuerza de su personalidad. Cuentan historias con gran entusiasmo y con detalles complicados; incluso y cuando los detalles se vuelven poco definidos a lo largo del camino. No pueden recordar tu nombre pero le pueden decir con entusiasmo a las demás que eres una de sus mejores amigas. Las Tigger olvidan que se supone deben reunirse con usted para comer, ¡pero son tan divertidas que cuando finalmente llegan las perdona! ¡No importa que tanto nos irriten en algunos momentos, necesitamos a las Tigger para que hagan más brillantes nuestros días!

Luego están mis favoritas, porque una de esas soy yo: Las Ígor. Las Ígor son creativas, intensas, perfeccionistas y *sieeeenten* las cosas muy profundamente. Tienden a ser pesimistas e incluso deprimentes en ocasiones, pero con frecuencia es porque las Ígor llevan el dolor y la tristeza del mundo sobre sus hombros. ¡Algunas veces no es muy divertido estar a su alrededor! Pero si usted quiere una idea creativa, una conversación profunda o un oído empático, llame a su amiga Ígor. Las Ígor le añaden una dimensión rica a las relaciones y conversaciones porque tienen mucha profundidad y amplitud de la emoción y son capaces de sacar las emociones ricas de otros también. El mundo podría ser un lugar superficial, frío e indiferente sin las Ígor.

Es fácil ver otra de las personalidades y decir: ¡Yo podría ser gozosa si fuera como una Tigger! Tendría gozo si fuera tan despreocupada como una Winnie the Pooh. Por supuesto que podría. Pero aquí es donde necesitamos tener cuidado. Cada tipo de personalidad tiene puntos fuertes Y débiles. Solamente porque su amiga sea una Tigger extrovertida, no significa que entienda el gozo. Las Tigger también tienen peligros. Tienden a depender de la fuerza de su personalidad y no del Espíritu de Dios. ¿Para qué necesitan a Dios si tienen su personalidad? Y algunas veces las Tigger se acostumbran tanto a la sensación de estar "prendidas" que cuando golpean una pared emocionalmente, es probable que sea sumamente confuso y desorientador para ellas; no saben qué hacer con las emociones bajas.

Las Conejo pueden encontrar gozo en terminar sus tareas y tachar los artículos de su lista de pendientes en lugar de en Dios. Lograr tareas puede convertirse en un sustituto para un caminar significativo con Dios. Las Winnie the Pooh pueden ser un poco pagadas de sí y enorgullecerse del hecho de que mientras el resto de nosotras estamos girando como trompos, ellas están caminando tranquilas por la vida. ¿Para qué podría necesitar una Winnie the Pooh a Dios para recibir gozo? Con una actitud relajada, ¿no deberían ser todas capaces de experimentar gozo? La Ígor probablemente enfrenten el mayor desafío de todas las personalidades cuando se trata de escoger el gozo, porque su tendencia natural es hacia la introspección, el pesimismo y el perfeccionismo.

Pero ninguna personalidad tiene la ventaja o una excusa cuando se trata de experimentar gozo. El Señor recientemente me dijo: "Kay, quiero que dejes de utilizar tu personalidad como una excusa para no experimentar gozo a diario; te has hecho prisionera de tu personalidad. Quiero que tú—una Ígor naturalmente depresiva—experimentes gozo". ¿Ya descubrió esto para sí misma? ¿Puede ver cuán fácil es convertirse en prisionera de su personalidad? A lo largo del tiempo podemos desarrollar más lealtad a nuestra personalidad que a Dios y su mandamiento de escoger el gozo. Yo siempre seré una Ígor. Usted siempre será una Tigger, una Conejo o una Winnie

> Esta es la verdad fundamental que cada una de nosotras necesita recordar: **Dios es la única fuente verdadera de gozo.**

the Pooh; pero no necesitamos escondernos detrás de nuestras personalidades o depender de ellas para determinar el nivel de gozo que experimentemos en la vida.

El verdadero gozo—aparte de nuestras emociones o inclinaciones humanas—es posible. El gozo es un don del Espíritu Santo para todas las personalidades en todo tiempo.

Todavía sedienta

Reconozcámoslo, porque todas lo hemos hecho más veces de lo que podemos contar. Hemos esperado que la gente, los lugares, las posesiones, las posiciones, nuestra personalidad nos den gozo. Nos han dado felicidad de corto plazo pero nos han dejado con unas ganas tremendas de agua. Desesperadas por encontrar alivio, la mayoría de nosotras hemos hecho algunos intentos bastante serios por cavar nuestras propias cisternas. Hacerlo también nos ha dejado a algunas de nosotras exhaustas, hasta el punto del desaliento, incluso de la desesperanza.

Dios dice: "Está bien; eso es lo que se suponía que tenía que pasar". *¿Qué? ¿Dios quiere que experimente desaliento?* Solamente para traerla cara a cara con cuán absolutamente inadecuada es usted para encontrar agua por sí misma, y para señalar el camino a sí mismo, como la verdadera fuente de gozo.

Esta es la verdad fundamental que cada una de nosotras necesitamos recordar. *Dios es la única fuente verdadera de gozo.* Dios va a estar presente cuando todo lo demás se sacuda. Él va a estar allí cuando sus seres queridos la decepcionen o la abandonen o mueran. Él va a estar allí cuando el lugar que usted pensó que la haría feliz ya no la satisface.

Él va a estar allí cuando la posesión se pierda o se rompa. Él va a estar allí cuando su posición cambie o le sea dada a alguien más. Él va a estar allí cuando su personalidad ya no sea suficiente.

Él es el manantial de agua viva que nunca se seca. Eso es lo que vamos a ver en el capítulo siguiente.

ORACIÓN

Padre, tú sabes que estoy seca y estéril y vacía. Sin embargo he estado cavando pozos para tratar de encontrar agua. He recurrido a la gente, los lugares, las posiciones y las posesiones para encontrar gozo duradero. He tratado de esconderme detrás de mi personalidad. Dios, estas son cisternas rotas que siempre me van a decepcionar. Perdóname por haberte abandonado, la fuente de agua viva. Perdóname por buscar en cualquier otro lado mi verdadera plenitud. Ayúdame a recurrir a ti primero para obtener satisfacción. En el nombre de Jesús, amén.

Para reflexionar y aplicar

1. ¿Qué fuentes falsas de gozo la atrapan? ¿Son la gente, los lugares, las posesiones, las posiciones o la personalidad?

2. ¿Dónde encaja en "La escuela de personalidades de Winnie the Pooh"? ¿Cómo piensa que eso afecta su capacidad para encontrar gozo?

5

Adopte el sistema de valores del cielo

Allí iré al altar de Dios, a Dios mismo, la fuente de toda mi alegría.

—Salmos 43:4, NTV

Adoptar el punto de vista
de Dios, sin importar cuan
brevemente, es ser gozoso.

MIKE MASON

Como ya lo hemos visto, la vida es como un ferrocarril. El raíl del gozo y el raíl de la tristeza corren lado a lado, inseparablemente a lo largo de nuestra vida. Constantemente estamos experimentando gozo y tristeza al mismo tiempo. Algunos días podemos hacer lo que Santiago ordena—considerar las pruebas como "todo un regalo"; una oportunidad para gran gozo—pero otros días es una instrucción difícil de obedecer.

A todas nos llegan problemas; seamos cristianas o no, nadie es inmune. El irritante raíl de la dificultad, la lucha y la tristeza siempre está presente, y hay días cuando todo lo que podemos ver es lo que está roto, lo que está descompuesto y lo que se perdió. Escribimos la historia de nuestra vida con posibles finales en nuestra mente y los repasamos una y otra vez. Nos preguntamos a nosotras mismas: *¿Y si pasa esto? ¿Y si esto no pasa? ¿Y si esto nunca cambia?* Pronto no podemos pensar en nada por lo cual alabar a Dios.

A menudo me descubro preguntando: *¿Qué has hecho por mí recientemente, Dios? Sé que me bendijiste en el pasado, pero ¿y hoy? ¿Qué vas a hacer por mí hoy?* Quizá no se siente particularmente gozosa, y si usted basa su experiencia del gozo en la presencia de sentimientos positivos, rápidamente puede olvidar que Dios sigue siendo el poderoso y fiel Dios que siempre ha sido.

No importa como nos *sintamos,* Dios, la fuente de agua viva, nunca cambia. Por eso es que necesitamos saturar nuestra mente con sus verdades. El gozo comienza con las convicciones de las verdades espirituales sobre las que estamos dispuestas a apostar nuestra vida, verdades que albergamos tan profundamente dentro de nosotras que producen una tranquila seguridad acerca de Dios. Entre más entendamos y conozcamos a Dios, más fácilmente vamos a reconocer que "el gozo del Señor" es nuestra verdadera fuerza (Nehemías 8:10).

Muchas de ustedes quizá estén de acuerdo con: Sí, me gustaría conocer más a Dios; me gustaría saber cómo saturar mi mente con sus verdades, pero no sé cómo hacerlo.

A lo largo de los siglos, los cristianos han conocido íntimamente a Dios a través de pasar tiempo con Él cada día en meditación. Cuando hablo de "meditación", no quiere decir que ponga su mente en neutral y que respire allí sentada sin pensar. Hay un tiempo y un lugar para relajarse y permitir que su mente se tranquilice y repose. Pero meditar en Dios es más bien activo que pasivo. La palabra *meditar* significa contemplar, ponderar, pensar, considerar, reflexionar o rumiar.

En caso de que lo haya olvidado, rumiar es lo que las vacas hacen. Mastican su alimento, se lo tragan, lo regurgitan y lo vuelven a hacer. ¡Las vacas pasan por este proceso tres veces! Hacen esto para extraer los máximos beneficios de su alimento para su digestión y nutrición apropiada. El viejo dicho "Contenta como vaca masticando su alimento" se basa en hechos reales: ¡Las vacas que rumian son más felices que las que no!

Para los cristianos, la meditación simplemente es "rumiar

pensamientos", para ponderar un pensamiento o una idea una y otra y otra vez. Algunas de ustedes quizá están pensando: *Yo no puedo hacerlo; mi cerebro está demasiado cansado.* Pero como dice Rick: si usted se preocupa, ¡puede meditar! Cuando estamos meditando en Dios, estamos poniendo nuestro cerebro a trabajar en lugar de dejarlo en la repisa. La meditación es una manera energética e intencional de involucrar nuestra mente.

Meditar en Dios nos permite sumergirnos en el conocimiento de Él de modo que el gozo de quién es Él se vuelva una convicción en nuestra mente. Cuando vengan las pruebas a nuestra vida, habremos crecido en nuestro conocimiento de Dios de manera tan íntima que no soltaremos el gozo. Pío de Pietrelcina dijo: "A través del estudio de los libros uno busca a Dios; por medio de la meditación uno lo encuentra".[1]

Entonces, ¿cómo meditamos en Dios? Meditar en Dios puede incluir registrar en un diario lo que pensamos acerca de un versículo, escuchar música que le dé vida al carácter de Dios, escribir los atributos de Dios en fichas para adherirlas con cinta al espejo del baño o mantenerlas en su bolso para referencia rápida. Permítame sugerirle cinco atributos inmutables de Dios para lanzarla en una búsqueda de por vida para conocer al Dador de agua viva que apaga la sed.

La dignidad de Dios es incomparable

La majestad, la magnificencia y el poderío de Dios están más allá de toda descripción. Ningún idioma humano tiene palabras adecuadas para decir *quién es Él*. Él existe más allá del tiempo y del espacio y habita la eternidad. Poetas, artistas, compositores y autores todos tratan de poner palabras e imágenes alrededor de este asombroso Dios, pero incluso sus mejores esfuerzos se quedan terriblemente cortos. Salmos 148:13 dice: "Alaben el nombre del Señor, porque sólo su nombre es excelso; su esplendor está por encima de la tierra y de los cielos". ¿No es eso un alivio? Alabamos a Dios porque Él es mayor de lo que podemos entender.

Hace algunos años, yo estaba batallando con un problema con una amistad que parecía insuperable, y hubo muchos días en los que no podía encontrar un momento en paz y gozo dentro de mí. Vivo cerca del océano Pacífico, y de camino a casa después de dejar a mis hijos a la escuela, frecuentemente pasaba por la playa y me estacionaba en un risco sobre el océano. Un día en particular, mientras estaba llorando lágrimas de desesperanza, fui golpeada por la vista y el sonido de las aguas que rugían y rompían en las rocas debajo de mí. Luego miré el mar y encontré consuelo, no en la vasta e impersonal masa de agua, sino en saber que el Dios que creó las impresionantes aguas era incluso mayor, más grandioso y más poderoso que todos los océanos de la Tierra combinados. Si Él era lo suficientemente grande—los teólogos le llaman trascendencia—para crear los océanos, y hacer que las mareas subieran y bajaran de una manera altamente estructurada y organizada cada día, y sostener la vida dentro de ellos, entonces con toda seguridad era lo suficientemente grande para saber cómo manejar la desavenencia que estaba rompiendo mi corazón.

Dios usa los tiempos oscuros de nuestra vida para revelar su majestad, para mostrarnos que Él es el Creador, el Sustentado, el Liberador, el Redentor. Él es el Todopoderoso, el Eterno, la Fuente de vida. Él está sobre nosotras. Él es a quién podemos acudir. Meditar en la medida de su dignidad desvía nuestra atención de las circunstancias al parecer insuperables que estamos enfrentando hacia un Dios que las trasciende.

La Palabra de Dios es confiable

Como Rick y yo hemos estado mucho en los medios en los últimos años, he tenido la oportunidad de ver de cerca y a nivel personal ¡lo revuelto que se puede presentar una historia! Parece que no importa lo cuidadosos que seamos en darle al reportero los hechos correctos, de alguna manera los detalles terminan mal en el artículo final. No es que crea que los reporteros sean engañosos intencionalmente o que tengan prejuicios que afectan sus notas; simplemente reconozco que tienen un trabajo difícil. Eso me ha vuelto desconfiada de todas las noticias o notas que leo, porque sé que frecuentemente no son completamente precisas.

La Biblia no es así. Es completamente precisa, confiable y digna de confianza. Al saber eso, puedo tener la certeza de que cuando leo la Palabra de Dios estoy recibiendo la verdad: un fundamento en el que puedo edificar mi vida. Como lo único que es completamente verdadero es la Palabra de Dios, en ella es que necesitamos basar nuestro gozo. Sus palabras deberían ser las palabras más familiares que conociéramos.

No solamente Dios es un Dios de gozo, sino que la Palabra de Dios para nosotros también es una Palabra de gozo. Pero, ¡no estaría usted de acuerdo en que la mayoría de la gente cree que la Biblia es un libro de reglas y normas? Tienen la idea de que si abren la Biblia, todo lo que lean va a ser condenación diciéndoles que lo que están haciendo está mal y cómo están fracasando. La ven como un libro de negatividad, un libro de pesimismo.

Ahora, este es un desafío para las que les encantan las curiosidades. En la New International Version de la Biblia en inglés, hay 545 referencias al gozo, la alegría, la felicidad, reír y regocijarse. Esa es una buena cantidad de versículos que hablan acerca del gozo. Quizá asuma que hay por lo menos tanto versículos que hablen de tristeza, dolor, lágrimas y sufrimiento, ¿no es así? Ciento cincuenta y ocho. Ciento cincuenta y ocho versículos hablan acerca de tristeza. ¿No la deja boquiabierta? Hay más de tres veces la cantidad de versículos que hablan acerca del gozo en la Biblia que de tristeza. ¡La Biblia es un libro de gozo!

> No solamente Dios es un Dios de gozo, sino que la Palabra de Dios para nosotros también es una Palabra de gozo.

Y por eso una de las mejores maneras de meditar en el carácter de Dios es leer y memorizar verdades bíblicas acerca de Él. Más de una vez en mi vida me han venido a la memoria pedacitos de versículos justo cuando necesito un recordatorio del carácter de Dios.

En septiembre de 2003, tuve una cita con un radiólogo para una biopsia porque recientemente había tenido una mamografía sospechosa. Pero me dijeron que la bolita en mi seno probablemente no era de cuidado. Pasé ese día pensando que esto solamente era por no dejar; un paso para descartar cualquier problema. Tenía un vuelo programado para más tarde ese día para ir a ver a mi padre en otro estado por su cumpleaños.

Mientras estaba recostada en la mesa del radiólogo, el doctor casualmente dijo:

—Es casi seguro que sea cáncer—y yo quedé horrorizada.

—¿Qué?

—Así es, ¿ve ese tumor? Esto muy probablemente sea cáncer. Y se salió de la habitación.

Mi cerebro se congeló. Quería gritar y quería llorar y quería hacer todo al mismo tiempo. En ese momento al ser dejada sola para enfrentar las palabras que nadie quiere escuchar—"es cáncer"—un fragmento de un pasaje de la Escritura me vino a la mente: "Él conoce mis caminos". Mientras estaba viendo como las tinieblas se juntaban a mi alrededor, recibí una palabra instantánea de Dios que me dijo: "Kay, yo sé el camino que estas a punto de tomar. La oscuridad no es oscura para mí. Yo estaré contigo en este viaje inesperado".

Esa noche busqué en mi Biblia y descubrí que ese versículo venía de Job 23:10, donde Job afirmó su fe en Dios en medio de su sufrimiento. Había escuchado y leído ese versículo tanto en mi vida que estuvo en mi mente cuando lo necesité.

Desearía poder decirle que la Palabra de Dios es el gozo de mi corazón todos los días. Algunos días no lo es. Algunos días olvido que es la Palabra lo que me trae gozo y que su Palabra es veraz. Jeremías le dice a Dios: "Al encontrarme con tus palabras, yo las devoraba; ellas eran mi gozo y la alegría de mi corazón" (Jeremías 15:16). ¡Anhelo que esto sea verdad cada día de mi vida! Las palabras de Dios son tan valiosas y tan preciosas que cuando meditamos en ellas, llenan nuestro corazón con gozo y alegría.

Salmos 19:8 dice: "Los preceptos del Señor son rectos:

traen alegría al corazón. El mandamiento del Señor es claro: da luz a los ojos". Otra versión del mismo versículo dice: "Mi herencia eterna son tus mandatos, porque ellos me alegran el corazón" (DHH). Salmos 119:111 dice: "Tus estatutos son mi herencia permanente; son el regocijo de mi corazón".

Quizá usted esté empezando a leer la Biblia y todavía no entiende algunas partes. Eso está bien. Toma tiempo pensar y contemplar como es que la Biblia se aplica a su vida. Estar cómoda con ser una seguidora de Cristo, y estar cómoda con la Palabra de Dios es como aprender una cultura diferente a aquella en la que fue criada. Al principio el idioma parece difícil de entender, las costumbres culturales parecen un poco raras, ¡y usted nunca está segura de hacer lo correcto en el momento oportuno! Pero eventualmente, todo le comienza a hacer sentido. Y no solamente le hace sentido, sino que le trae un gran gozo.

Una hermosa manera de comenzar a valorar la Palabra de Dios y a ser transformada por ella es leer Salmos 119 y meditar en los beneficios de los que leen la Escritura, la conocen y se la memorizan. Es la verdad sobre la que basamos nuestra vida, y ponerla en nuestra mente es una manera poderosa de conocer a Dios más profundamente.

Las obras de Dios son impresionantes

Considere dos de los muchos versículos en la Biblia que conectan el gozo con la creación de Dios:

> Grandes son las obras del Señor, Buscadas por todos los que se deleitan en ellas.
> —SALMOS 111:2, NBLH

Rebosan los prados del desierto; las colinas se visten de alegría. Pobladas de rebaños las praderas, y cubiertos los valles de trigales, cantan y lanzan voces de alegría.

—Salmos 65:12-13, nvi

No todas vivimos cerca de magníficas montañas u ondulantes olas del mar. Pero podemos observar un árbol en la brisa durante un momento. Podemos pasar unos minutos estudiando la complejidad de una zarzamora. Podemos ver a una hormiga a la entrada de su nido cargando un gran pedazo de césped de vuelta a casa.

En 1 Crónicas 16:33 leemos: "¡Que los árboles del campo canten de gozo ante el Señor!". Este versículo poético declara que de hecho ¡las obras de Dios le cantan a Él! Yo no puedo escuchar la música, pero aparentemente Dios sí (a menudo me he preguntado si cantan en una frecuencia diseñada solamente para sus oídos, muy parecido a la manera en que los perros pueden escuchar el silbido muy agudo de un silbato que hace que traten de taparse las orejas). Esto no es equivalente a la aseveración de la Nueva Era de que hay vida o "espíritu" en todo—cada roca, cada insecto, cada varita en el piso y cada persona—sino que la Escritura dice claramente que de alguna manera las obras de Dios le "cantan" alabanzas. Algunas veces en un día con viento mi imaginación se remonta. En mi mente, los álamos están llevando a cabo una actuación coreografiada de canto y danza para su Creador. Me esfuerzo por escuchar la melodía que cantan las hojas ondeantes, pero no sirve de nada; mis oídos no la pueden escuchar.

Luego me pregunto, si toda la creación canta, ¿por qué yo no? Si los árboles, las flores, los océanos, las montañas, las nubes y los animales están alabando el nombre de Dios todos los días, ¿por qué yo—la corona de su creación—no canto alabanzas a Él? ¿Retengo mis canciones de alabanza por trivialidades tan pequeñas como que no encuentro estacionamiento en un centro comercial abarrotado? ¿Mi cabello no se rizó de la manera en que quería? ¿Está lloviendo? ¿El precio de la gasolina volvió a subir? Todas las obras de Dios cantan de gozo delante de Él, y cuando yo medito en lo que Él ha hecho, en sus habilidades asombrosas como el Maestro Creador, yo también canto. ¡Y grito de gozo!

No crecí en una denominación que le gritara alabanzas a Dios; éramos un grupo bastante reservado. Pero en los últimos años, he hecho un descubrimiento impresionante: Algunas veces lo único que funciona es gritar mi alabanza. Y no es durante los momentos en los que quizá se imagina. Pocas veces siento la necesidad de gritar mi alabanza cuando estoy feliz, sino más bien en los momentos más inquietantes y desesperados cuando lo hago casi como un acto de desafío contra Satanás, el enemigo del gozo. Él maquina como robar el gozo de mi alma, y en mi punto más bajo, casi lo logra. Con la voz un poco áspera, dejo salir afirmaciones tronantes de alabanza a Dios, haciendo eco de Salmos 98:4: "¡Aclamen alegres al Señor, habitantes de toda la tierra! ¡Prorrumpan en alegres cánticos y salmos!". Con mi rostro hacia el cielo, algunas veces con lágrimas bajando por mis mejillas, le declaro a todo el universo que nada—*nada*—puede evitar que adore a mi fiel Dios.

Así que hoy, ¿cantará? ¿Estudiará lo que Dios ha hecho y se maravillara por sus obras y lo alabará? Usted puede decidir hacerlo, sin importar el tipo de día que esté teniendo, sin importar lo que sus sentimientos le digan, sin importar en qué humor esté. Puede tomar la decisión de regocijarse hoy. Filipenses 4:4 dice: "Alégrense siempre en el Señor. Insisto: ¡Alégrense!". Salmos 92:4 dice: "Tú, Señor, me llenas de alegría con tus maravillas; por eso alabaré jubiloso las obras de tus manos". Aquí estoy, Dios, para decirte que eres digno, que eres confiable, que confío en ti y que estoy levantando mi voz para alabarte.

No tiene que tener una gran voz para cantar alabanzas. Usted puede croar como sapo o ladrar como un perro. Un ruido gozoso es suficiente. Lo que le interesa a Dios es la capacidad de su corazón de entrar en alabanza por quién es Él y lo que Él ha hecho. Y de vez en cuando, anímese y aclame un poco; le hará bien a su alma.

Los caminos de Dios son bondadosos

A medida que meditemos—ponderemos, reflexionemos, consideremos, revisemos y rumiemos—en la dignidad de Dios, su Palabra y sus obras, comenzaremos a ver un cambio en nuestra perspectiva de las circunstancias. Escoger meditar en sus caminos amorosos nos llevará a pasar algunos puntos difíciles de la vida.

Salmos 18:35 dice: "Tú me cubres con el escudo de tu salvación, y con tu diestra me sostienes; tu bondad me ha hecho prosperar". Le mentiría si le dijera que jamás he puesto en duda el amor de Dios por mí. Ha habido momentos terribles en los que no percibí que la mano de Dios sobre mi vida fuera un toque bondadoso. Algunas veces he sentido su mano sobre mi vida como un pesado peso que encuentro difícil de soportar. Probablemente usted sepa exactamente de lo que estoy hablando porque usted, también, se ha preguntado cómo es que un Dios bondadoso podría permitir que *esto* suceda.

Esos son los momentos en que Satanás viene con sus sugerencias de dudar de Dios, de dejar de creer en que Dios es bueno o amoroso, y renunciar a su fe. Debemos deliberadamente escoger recordarnos a nosotras mismas quién es Dios: Dios ha sido fiel antes; Él será fiel otra vez. Como dice Carol Kent: "Nos damos cuenta de que, cuando las circunstancias impensables entran a su vida, llega un punto en el que o se para firme sobre lo que cree o se aleja de ello".[2] Esos son los momentos en los que conocer y creer la Palabra de Dios es crucial, porque nos hacen recordar versículos como este: "¡Grande es su amor por nosotros! ¡La fidelidad del Señor es eterna!" (Salmos 117:2); y: "Fiel es el Señor a su palabra y bondadoso en todas sus obras" (Salmos 145:13).

La Palabra de Dios es el andarivel que me lleva a recordar la bondad de Dios en el pasado. Recuerdo momentos en los que no pensé que fuera bondadoso, pero después pude reconocer cómo me había redimido del dolor e hizo algo hermoso a partir de la devastación.

Soy una súper fan de los vitrales y los mosaicos—no de los que una misma elabora con un paquete adquirido a través de un catálogo de manualidades—sino de los que un artista toma trozos de vidrio estrellado o azulejo y forma una obra maestra digna de ser exhibida en una majestuosa catedral. Las implicaciones espirituales son obvias. Estas creaciones espléndidas despiertan mi alma para rendir las piezas astilladas de quién soy al toque bondadoso de Dios, para esperar su diestro reacomodo en algo hermoso. El periodo de espera quizá dure unos años más de lo que yo escogería, y es completamente posible que yo no conozca toda la belleza de mi vida vuelta a armar hasta la eternidad, pero no se equivoque: Los caminos de Dios son bondadosos.

Cuando dudamos del amor de Dios, ¿dónde queda el gozo? ¡En ningún lado! Se evapora. Se va. Meditar en sus caminos bondadosos—sea que los entendamos o no, los sintamos o los experimentemos de la manera en que esperamos—mantiene el gozo vivo y bien.

La voluntad de Dios es buena

No me gusta volar; realmente no es algo que me llame la atención.

La única razón por la que no viajo solamente en coche, tren y barco es que le prometí a Dios que no iba a permitir que el temor evitara que yo hiciera algo que yo sintiera que fuera su voluntad. Su voluntad claramente me ha dirigido a ser una defensora *global* de personas con VIH y SIDA y de huérfanos y niños en riesgo, así que volar es una necesidad.

Lo que más odio de volar—además de sentarme en una pista en una tormenta de nieve mientras le quitan el hielo al avión—es cuando el avión de pronto encuentra una tormenta. Normalmente, escojo el asiento de la ventanilla y dejo la persiana de plástico abierta todo el tiempo. Pero en una tormenta, he descubierto que si cierro la persiana, mi nivel de temor es más manejable; si la dejo abierta todo lo que puedo ver por la ventana es niebla gris, y eso me aterroriza. Tengo la sensación de que ya no estoy en control. Por supuesto, nunca tuve el control, para empezar, pero ¡tenía la ilusión del control! Comienzo a pensar: *Si no puedo ver, el piloto no puede ver, y si él no puede ver, ¡nos vamos a estrellar!*

Muchas veces en nuestra vida nos sentimos como si estuviéramos volando a ciegas. Las circunstancias nos han dejado confundidas, desconcertadas e inseguras; todo parece estar envuelto en una neblina. Comenzamos a entrar en pánico y clamamos a Dios: *Está oscuro. ¡Ni siquiera puedo ver! Y, Dios, si yo no puedo ver, probablemente tú tampoco puedas ver. Y si tú no puedes ver, ¡de seguro me voy a estrellar!*

Del mismo modo en que tengo que interrumpir mentalmente el pánico físico que enfrento cuando las tormentas o las turbulencias sacuden la nave, tengo que interrumpir el pánico espiritual que comienza a multiplicarse cuando una situación se siente fuera de control. Meditando en quién es Dios nos recuerda que su voluntad es buena. Él *sí* ve la oscuridad a nuestro alrededor, pero también ve más allá de ella. Jeremías 29:11 dice: "Porque yo sé muy bien los planes que tengo para ustedes—afirma el Señor—, planes de bienestar y no de calamidad, a fin de darles un futuro y una esperanza".

Como la voluntad de Dios es buena, podemos abrazarnos del gozo en lugar del temor. Cuando verdaderamente creemos que la voluntad de Dios es buena, no tenemos razón para temer.

El sistema de valores del cielo

En este punto usted quizá se pregunte: ¿Cómo es que meditar en quién es Dios—su dignidad, su Palabra, sus obras y su voluntad—me va a dar gozo? ¿Cómo eso genera la transformación de la que está hablando?

Hemos estado hablando acerca de la manera en que pensamos—cómo desarrollamos convicciones firmes acerca de Dios—de modo que abordamos nuestros problemas con una mentalidad gozosa. El camino requiere que nos mudemos de una perspectiva negativa, rebelde y temerosa que dice: *Dios no confío en ti, y no entiendo lo que estás haciendo, y hasta que no me lo expliques y hagas que las dificultades se detengan no te voy a adorar,* a una perspectiva llena de esperanza que dice: *Dios, confío en ti no importa qué. Dios, seré tuya hasta el día en que vengas por mí. No te voy a abandonar. Creo que tu dignidad es incomparable. Creo que tu Palabra es confiable. Creo que tus obras son hermosas. Creo que tus caminos son bondadosos. Creo que tu Palabra es confiable. Creo todas estas cosas acerca de ti, a pesar de lo que veo.*

A medida que usted cambie su manera de pensar sobre Dios y quién es Él, su sistema de valores comienza a cambiar y usted adopta el "sistema de valores del cielo". Hace muchos años, tuve el privilegio de aprender de Russell Kelfer, un hombre de campo sencillo quien era maestro de

> Como la voluntad de Dios es buena, podemos abrazarnos del gozo en lugar del temor.

escuela dominical en San Antonio, Texas. Nunca logró fama o reconocimiento mundano, pero estoy bastante segura de que cuando vaya al cielo, Russell tendrá un lugar de preeminencia. Un tipo común que tenía sabiduría y perspectiva en las cosas espirituales como nadie que he conocido, y fue quien abrió mis ojos al sistema de valores del cielo.

¿Qué es lo que valora Dios? Dios valora el carácter sobre la comodidad, la fe sobre el temor, la misericordia sobre el juicio, la justicia sobre la injusticia, la gente sobre las posesiones, la verdad sobre la falsedad, la humildad sobre el orgullo, la esperanza sobre el desaliento, el amor sobre la apatía. En otras palabras, Dios valora las cosas que perduran. Tiene una perspectiva eterna. Nos invita a ver la vida desde esa misma perspectiva, para creer que está trabajando en la historia de maneras que con frecuencia siguen siendo un misterio para nosotras, de que está redimiendo lo que fue robado y sanando lo que fue roto.

El apóstol Pablo es uno de mis favoritos por la manera en que vivió su fe. Al igual que Jesús, Pablo conocía bien el sufrimiento. Lo explica en gran detalle en 2 Corintios 11:23-28. Su sufrimiento incluía golpizas, naufragios, hambre y soledad. De hecho, redactó el libro de Filipenses mientras estaba en prisión por predicar el evangelio. Incluso cuando estaba encadenado por fuera, por dentro era libre. En todo—o posiblemente incluso *gracias* a todo eso—Pablo era lo suficientemente gozoso como para escribir: "Alégrense siempre en el Señor"; "Den gracias a Dios en toda situación"; "Todo lo puedo en Cristo que me fortalece"; "He aprendido a estar satisfecho en cualquier situación en que me encuentre. Sé lo que es vivir en la pobreza, y lo que es vivir en la abundancia"; "En medio de todas nuestras aflicciones se desborda mi alegría".

A Pablo no le habían lavado el cerebro, no era una máquina robótica que ignoraba el dolor de los golpes, las punzadas del hambre o la miseria de una noche en el mar helado. No estaba sentado en una fría y húmeda prisión encadenado a un guardia romano diciendo: "¡Esto me gusta!".

No. Él era un ser humano. Si usted le hubiera preguntado si escogería una vida cómoda o incómoda, él probablemente le hubiera dicho: ¿A quién no le gusta estar cómodo? Prefiero no estar sentado en este piso frío y duro de la prisión. Prefiero no tener mi brazo encadenado a otro ser humano todo el tiempo. Prefiero un par de frazadas calientes. Prefiero tener a mis amigos a mi alrededor. Prefiero estar viajando por todo el imperio romano hablando acerca de Jesús. Pero si aquí es donde Dios me pide que esté, aquí es donde estaré. Y voy a escoger el gozo en este lugar".

Pablo había aprendido mucho antes de eso que Dios era la única fuente de gozo para él. Ya había experimentado el dolor de que los amigos lo abandonaran, que las ciudades le cerraran las puertas, posesiones terrenales que no podían satisfacer, una educación que no lo podía salvar y una personalidad que con frecuencia lo metía en problemas. No, Dios era la única fuente de gozo de Pablo, y gracias a ello, consistente y fielmente escogió enfocarse no en lo que podía ver con sus ojos sino en lo que podía ver con su espíritu.

Con razón Pablo nos puede instar dos mil años después a que nos regocijemos, a que demos gracias en todo, que estemos satisfechas con lo que tenemos, que seamos pacientes en la aflicción y que no nos desanimemos. El sistema de valores del cielo era suyo, y del mismo modo las alegrías del cielo.

Pablo hacía algo que yo quiero hacer todos los días. Quiero ver mis pérdidas, mis decepciones, mis dolores de cabeza, mi dolor y mi tristeza a través del sistema de valores de Dios. Por eso es que Pablo tenía gozo: escogió el sistema de valores del cielo una y otra vez.

Él escribió esta apasionada afirmación de fe en 2 Corintios 4:16-18: "Por tanto, no nos desanimamos. Al contrario, aunque por fuera nos vamos desgastando, por dentro nos vamos renovando día tras día. Pues los sufrimientos ligeros y efímeros que ahora padecemos producen una gloria eterna que vale muchísimo más que todo sufrimiento. Así que no nos fijamos en lo visible sino en lo invisible, ya que lo que se ve es pasajero, mientras que lo que no se ve es eterno".

Si hay un secreto para el gozo, es este: Escoja lo eterno sobre lo temporal.

Cuando usted y yo escogemos lo temporal sobre lo eterno, poniendo nuestras frágiles esperanzas en fuentes terrenales todavía más frágiles, vamos a quedar decepcionadas. Pero cuando ponemos nuestras frágiles esperanzas en Dios, nos volvemos confiadas y seguras; no por un resultado, sino por una Persona. *¡Él es la única fuente verdadera de gozo!*

ORACIÓN

Señor, enséñame cómo alinear mi sistema de valores con el tuyo. Ayúdame a escoger lo eterno sobre lo temporal. No soy buena en esto. Me equivoco más de lo que lo hago bien. Dios, desarrolla en mí una tranquila seguridad de que tú estás en control, una confianza que me permita moverme por la vida, no destruida por lo que sucede, sino creyendo que finalmente todo va a estar bien porque tú eres Dios. Desde esa posición te puedo alabar porque tu dignidad, tu Palabra, tus obras, tus caminos y tu voluntad no cambia. En el nombre de Jesucristo, el varón de dolores y al mismo tiempo el hombre de gozo, amén.

Para reflexionar y aplicar

1. Tome un minuto para estar quieta y en silencio; pídale a Dios que la ayude a estar abierta a lo que Él quiere mostrarle. En oración lea Salmos 119. ¿Hay ahí acciones que usted necesita llevar a cabo a medida que busca gozo?

2. "Dios valora el carácter sobre la comodidad, la fe sobre el temor, la misericordia sobre el juicio, la justicia sobre la injusticia, la gente sobre las posesiones, la verdad sobre la falsedad, la humildad sobre el orgullo, la esperanza sobre el desaliento, el amor sobre la apatía". Reflexione en sus acciones de esta semana. ¿Dónde vio usted el sistema de valores del cielo en su vida?

6

Crea incluso en la oscuridad

Gracias a la entrañable misericordia de nuestro Dios. Así nos visitará desde el cielo el sol naciente, para dar luz a los que viven en tinieblas, en la más terrible oscuridad, para guiar nuestros pasos por la senda de la paz.

—LUCAS 1:78-79

Si el gozo no se levanta en
medio de la tragedia, no se
levantará nunca. El gozo
cristiano está arraigado
en la oscuridad, el caos,
la carencia de sentido, la
tristeza [...] Si se separa
el gozo del dolor no queda
nada.

MIKE MASON

El 11 de octubre de 2008 fue sábado. En mi lista de cosas por hacer ese día estaba pasar a visitar a mi nieto de siete semanas, Cole. Cole nació prematuro por cinco semanas, y debido a las circunstancias de emergencia que rodearon su nacimiento, casi no lo logra. Mi corazón seguía sintiendo el residuo de las emociones que vinieron con casi perderlo el día que nació, y no podía tener suficiente de abrazarlo, llenarme de su olor a bebe y acariciar con mi nariz su cabeza cubierta de pelusa. También tenía una razón secreta por pasar a casa de mi hijo, Josh, y mi amada nuera, Jaime: Yo tenía la fuerte sospecha de que Jaime tenía un tumor cerebral.

Durante varias semanas después del nacimiento de Cole, Jaime no había sido ella misma, y todos los días de esa semana ella parecía tener un atemorizante nuevo síntoma de algo malo: Su cabeza se sentía pesada, tenía dolores de cabeza, veía doble, vomitaba sin tener náuseas,

Ese sábado mientras hablábamos y departíamos ella dijo entre risas: "Ni siquiera puedo caminar en línea recta", y se levantó y lo demostró. Si la Jaime atlética y llena de gracia no podía mantener el equilibrio, LO SUPE. Ella y Josh estaban abordando de manera precavida sus síntomas físicos, ya que no querían apresurarse a someterla a una ronda de análisis médicos infructuosos; ellos, también, todavía se estaban recuperando del impacto y el trauma del nacimiento de

Cole. Me prometieron que irían a ver a un médico el lunes si Jaime no se sentía mejor, pero yo salí de su casa sintiéndome enferma de temor. Desde entonces la gente me ha preguntado por qué yo estaba tan segura de que Jaime tenía un tumor cerebral. ¿Había tenido adiestramiento médico? ¡Todo lo que puedo decir es que ser una hipocondríaca valió la pena aunque fuera una vez!

Varias horas después, mi hijo me avisó que estaba llevando a Jaime a urgencias, pero era más por precaución que por temor de que algo estuviera realmente mal. Pero pronto, un médico sumamente amable de urgencias tuvo la terrible tarea de informarnos que Jaime tenía un tumor cerebral y que necesitaba ser internada en el hospital de inmediato. El tumor estaba oprimiendo su nervio óptico, lo cual podría causar ceguera, lo más grave era que tenía fluido excesivo en su cerebro que estaba amenazando su vida.

Todo entró en cámara rápida a partir de ese momento. Nos consumían las decisiones sobre qué estudios más eran necesarios, dónde realizar tan delicada cirugía, cómo cuidar de nuestro dulce bebé, Cole. En menos de treinta y seis horas, ella estaba en el Centro Médico Ronald Regan de la UCLA siendo preparada para una delicada neurocirugía para tratar de remover el tumor que era del tamaño de una pelota de tenis. El cirujano pensaba que este era un tumor benigno de crecimiento lento que había tenido toda su vida, pero que estaba intrincadamente entretejido con partes vitales de su cerebro y extremadamente vascular, lo cual significaba que la cirugía sería compleja, larga y potencialmente catastrófica.

El día de la cirugía parecía que se alargaba cada vez más sin un final a la vista. La cirugía inicial tomó más de veinte agonizantes y aterrorizantes horas, con solamente informes periódicos desde el quirófano. Entonces, el Dr. Neil Martin, su cirujano, sumamente cansado, vino a la habitación llena de familiares y amigos que abarcaban hasta el pasillo para decirnos que el tumor—todo excepto un pedazo del tamaño de una uña en el cerebelo—había sido removido. Gritamos nuestro alivio, nuestra alabanza y nuestro gozo de que hubiera sobrevivido y que parecía estar en buenas condiciones.

En menos de una hora, el Dr. Martin regresó para decirnos que a Jaime le había iniciado una hemorragia crítica en el cerebro y que se requería una cirugía de emergencia. Apenas y pudiendo formar las palabras, le pregunté cuánto tiempo tomaría para que de crítica se convirtiera en fatal; su respuesta fue breve y concisa. "Todo depende de lo rápido que podamos encontrar la hemorragia y lo rápido que podamos detenerla". Y con esas palabras que nos paralizaron el corazón, corrió al quirófano.

Otras cinco horas de esperar…esperar…esperar…y esperar y orar. Luego, finalmente llegaron las buenas noticias de que habían encontrado la hemorragia y la habían podido reparar rápidamente. Ahora estaba la pregunta realmente atemorizante: ¿Qué discapacidad sufriría Jaime como resultado? Nos informaron que era demasiado pronto para saber.

En un periodo de dos semanas, Jaime tuvo que someterse a otra cirugía más. El líquido cefalorraquídeo no estaba siendo drenado apropiadamente, y necesitaba una derivación intercraneal. Con un 60% de probabilidad de éxito, regresó al quirófano. ¡Y funcionó!

Durante el mes siguiente, observamos, anonadados de

gozo, como día tras día Jaime vencía todos los pronósticos malos. Le retiraron el ventilador en unos días, pudo comer aunque su garganta estaba parcialmente paralizada, lentamente recuperó su visión, comenzó a sonreír, y luego la gran victoria: caminó. Pensamos en nuestros corazones que ella era un milagro, pero cuando una de los médicos la vio tomar su primera caminata en los pasillos del hospital sosteniéndose de una andadera y una enfermera, tenía lágrimas en los ojos. "Un milagro", murmuró para sí misma. Actualmente, el lado izquierdo de su cabeza todavía lleva el impacto del tumor y las cirugías: no tiene audición en el oído izquierdo, no tiene lágrimas, no tiene mucosidad nasal y no funcionan sus papilas gustativas de ese lado; pero en el panorama general de las cosas, son discapacidades sumamente pequeñas. Sigue siendo Jaime, sin discapacidades motoras o emocionales, sin cambios de personalidad, ni pérdidas mentales.

En un periodo de tres meses, mi familia estuvo en una montaña rusa emocional: Cole vino al mundo antes de tiempo y casi muere, Jaime tuvo tres neurocirugías y casi muere, y un ser querido fue hospitalizado por enfermedad mental. Aun y cuando nos regocijamos de que Jaime estaba viva y recuperándose, y que Cole había sobrevivido a su peligrosa experiencia de nacimiento, y que nuestro ser querido estaba avanzando, los tres meses de temor sin parar, la pérdida inminente, el trauma, el drama, el dolor y el sufrimiento desgastó a nuestra familia. Nuestro increíble sistema de soporte de amigos y familiares nos apoyaron en maneras que nunca vamos a olvidar, pero aun así perdí casi un tercio de mi cabello por el estrés, terminé con una lesión en la rodilla (por estar tanto tiempo de pie en piso duro) que requirió cirugía, y tenía pesadillas en las que revivía cada momento atemorizante.

Le abrimos la puerta al gozo

Una nueva vida que nace y estar tan cerca de la muerte, enfermedad y recuperación, tragedias y milagros, gozo y dolor. Un retrato perfecto de la vida tal como la conocemos. Los raíles paralelos del gozo y la tristeza siempre corren lado a lado a lo largo del ferrocarril de nuestra vida. Escoger creer en medio de la oscuridad—en nuestra vida personal y a una escala global—le abre la puerta al gozo.

Algunas de ustedes quizá se sienten abrumadas por los sufrimientos de mi familia en comparación con los suyos, pero otras de ustedes podrían contar cosas peores en un suspiro; la ración de sufrimiento que tienes o que estás padeciendo incrementa con cada día que pasa. El punto no es quién es la que sufre más, o cómo es que alguien más maneja el sufrimiento en su vida, sino cómo manejas el sufrimiento que te llega a ti.

Solía pensar que cuando venía sufrimiento intenso a mi vida, era un enemigo con el propósito de destruirme. Y aunque es verdad que algunas de las armas favoritas de Satanás en contra de los seguidores de Cristo son enfermedad, dolor y pérdida, también estoy aprendiendo que Dios utiliza el sufrimiento intenso para revelarnos una amplia riqueza que está escondida en los lugares secretos del dolor. Una historia bíblica arropada en el libro de Isaías ilustra esta verdad de una manera hermosa.

Isaías cuenta la historia de la rebelión de la nación de Israel contra Dios, que terminó en que toda la nación fuera llevada cautiva por los babilonios. Durante treinta y nueve capítulos, el profeta Isaías detalla los muchos pecados de Israel y su fracaso y las razones del castigo de Dios.

Pero en Isaías 40 en adelante, comienza a animarlos de que Dios no los ha olvidado ni los ha desechado, aunque ellos hayan fallado en honrarlo como Dios. Dios no solamente pondría las cosas en orden al final con la venida de Jesús, el Mesías, sino que también redimiría a Israel de la cautividad a través de un rey gentil, Ciro. Dios promete que Ciro encontraría tesoros escondidos de joyas y oro que lo llevarían a una riqueza increíble. Esta fortuna lo ayudaría a cumplir con el destino que Dios tenía planeado para él ya que financiaría sus conquistas militares.

Ahora bien, me encanta saber que servimos a un Dios que cumple sus promesas. Él dijo que Ciro sería rey, y que se volvería fabulosamente rico, y que sería usado por Él para liberar a Israel, y sucedió exactamente en la manera en que Dios prometió. Ver el cumplimiento de su promesa de liberación y rescate de Israel fortalece mi fe.

Pero tengo que decirles que recientemente, tarde una noche, yo estaba desesperadamente buscando consuelo por el sufrimiento intenso en mi vida, y no estaba ni poco preocupada por Ciro, Babilonia o Israel.

Estaba sintiendo angustia por un ser querido que había vivido con un desorden bioquímico durante mucho tiempo. Me estaba adelantando ansiosamente a una situación que pensé podría terminar bastante mal, de una manera que rompería mi corazón todavía más. Pensé: *No puedo soportar este sufrimiento, Dios. No puedo soportar la oscuridad que me rodea a mí y a mi ser querido. Te necesito esta noche.* Aunque había pasado por tanta oscuridad con el nacimiento de Cole, la enfermedad de Jaime y la hospitalización psiquiátrica, todavía no había aprendido todo lo que Dios me quería enseñar acerca de cómo experimentar gozo en las profundidades del sufrimiento.

Así que abrí una Biblia en la computadora y comencé a cazar desde Génesis hasta Apocalipsis cada versículo que mencionara "oscuro" y "oscuridad" y rápidamente compilé alrededor de veinte páginas de referencias. Encontré versículos que me consolaban y otros que me confundían, pero principalmente me di cuenta de que no era la primera persona en clamar a Dios en la oscuridad de mis circunstancias.

En 2 Samuel 22:12, el rey David dice que Dios "se envolvió con un manto de oscuridad" (NTV). *¡Sí! ¡Así es exactamente como me siento, Dios! ¡Siento que te estás escondiendo de mí y no te puedo encontrar!* Me identifiqué con Job en Job 19:8: "Dios me ha cerrado el camino, y no puedo pasar; ha cubierto de oscuridad mis senderos". *Dios, no puedo pasar las barricadas que has erigido; estoy en total oscuridad.* Mi alma hacía eco de la súplica desesperada del rey David en Salmos 13:3: "Vuélvete hacia mí y contéstame, ¡oh Señor, mi Dios! Devuélvele el brillo a mis ojos, o moriré" (NTV).

Para ese momento—habiendo revisado todos los versículos hasta Isaías—me encontré estando de acuerdo de corazón con los personajes bíblicos cuando acusaban a Dios enojados y lo increpaban por su ausencia aparente en sus problemas. Cuando llegué a la historia de Ciro en Isaías 45, las palabras proféticas saltaron de la página. El poder de la promesa de Dios me impactó tanto que de hecho tomé aire audiblemente:

> Te daré los tesoros de las tinieblas, y las riquezas guardadas en lugares secretos, para que sepas que yo soy el Señor, el Dios de Israel, que te llama por tu nombre.
>
> —Isaías 45:3

Mi primer pensamiento fue: *Yo no quiero estar en esta oscuridad. No quiero que mi ser querido esté en esta oscuridad. Quiero salir de este lugar oscuro AHORA.*

Mi segundo pensamiento fue: *¿Puede esto ser realmente cierto? ¿Puede haber tesoros escondidos en la oscuridad?*

Mi siguiente pensamiento fue: *Si hay tesoros escondidos en la oscuridad, no los quiero. Gracias de todos modos. Porque probablemente significa que solamente los voy a encontrar si estoy en este dolor, y, Dios, ya no quiero estar en este dolor.*

Todo lo que podía ver en ese momento era el raíl de tristeza en mi vida; el gozo no estaba ni siquiera cerca. El desafío inmediato era creer que los tesoros en la oscuridad realmente existían y, después, creer que los podría encontrar. Y sí, tenía que aceptar y abrazar la verdad de que estos tesoros son una categoría especial de regalos de Dios, riquezas escondidas que SOLAMENTE se pueden encontrar en los lugares secretos de mi dolor y agonía más profundos.

Uno de mis autores favoritos, Henri Nouwen, dice: "Nuestro vaso está con frecuencia tan lleno de dolor que el gozo parece completamente inalcanzable. Cuando somos aplastados como uvas, no podemos pensar en el vino en el que nos convertiremos".[1]

Tuve que tomar una decisión, y usted también tiene que hacerlo: ¿Me voy a rendir a Dios en la oscuridad, creyendo que voy a encontrar tesoros de gozo, bendición y propósito aquí? Aunque no me gustó, Dios me había permitido estar en ese lugar oscuro. Tuve que decidir si lo iba a aceptar de manera que pudiera llevarme a los tesoros que solamente podía encontrar en el sufrimiento.

Probablemente al ir leyendo usted está pensando: *No he conocido ese tipo de oscuridad. De chica mi vida familiar no era perfecta, pero era cálida y afectuosa, o por lo menos agradable. Me fue bastante bien en la escuela, tuve éxito moderado en el deporte o en los estudios, y era moderadamente popular. No he tenido sustos de salud hasta el momento. No soy rica, pero al parecer siempre tengo lo suficiente para vivir. Me está yendo muy bien en este momento. Y mucho de lo que está diciendo en realidad no se me aplica.*

Si eso es lo que usted está pensando, quizá sea sabio avanzar y comenzar a prepararse para buscar tesoros de gozo en la oscuridad AHORA. Porque la oscuridad vendrá. No estoy diciendo esto para asustarla. Pero la realidad es que esta es la Tierra, no el cielo. El pecado, la enfermedad, la pérdida, la separación, el luto, la enfermedad mental, la ruina financiera, la muerte y una multitud de otras circunstancias terribles suceden diariamente y cada una de nosotras necesitamos estar preparadas para los días oscuros. Y el asunto es que una no se prepara para la oscuridad emocional a través de apilar comida enlatada o leer manuales de supervivencia o desvelarse o temer el futuro y quedar paralizada por él. Lo que le estoy sugiriendo es lo que el apóstol Pablo nos instruyó en Colosenses 2:7 (NTV):

> Arráiguense profundamente en él y edifiquen toda la vida sobre él. Entonces la fe de ustedes

se fortalecerá en la verdad que se les enseñó, y rebosarán de gratitud.

La animo a que deliberadamente eche sus raíces profundamente en Jesús hoy para que su fe se enriquezca, se vuelva íntima y estable, y la capacite para resistir lo peor que este mundo le pueda lanzar. Quiero que sea capaz de encontrar los tesoros del gozo cuando la oscuridad sea tan densa que ni siquiera pueda ver su mano delante de su rostro.

Aprendemos que Ciro encontró riquezas escondidas en la oscuridad, así como lo dijo la profecía de Isaías 45:3. Pero no creo que ese versículo se trate solamente de Ciro. Dios nos está diciendo que así como enriqueció a un rey gentil para que pudiera cumplir su misión, Dios la enriquecerá a usted y a mí con riquezas en lugares secretos que nos capacitarán para cumplir su llamado sobre nuestra vida.

Así que a medida que hablamos acerca del gozo—un verdadero tesoro—escondido en el sufrimiento, mi primer desafío para usted es que decida si va a creer que Dios tiene un plan. ¿Va a creer que le ha prometido un tesoro y que lo puede buscar? ¿Va a creer que incluso en la oscuridad usted está experimentando que Dios le puede dar gozo?

De basura a tesoro

¿Recuerda haber jugado de niña a la búsqueda de tesoros? Es un juego excelente de baja tecnología que jugué muchas veces de niña. En caso de que nunca haya experimentado la emoción de una búsqueda de tesoros, déjeme explicársela. El objetivo del juego es que usted y sus amigas hagan una lista de cosas raras al azar que quizá tengan sus vecinos—hilo dental con sabor a chicle, una pinza para la ropa de madera, una pieza de plástico para jugar damas—y luego correr febrilmente de casa en casa para ganarle a sus amigas y ver si sus vecinos le pueden dar alguno de sus "tesoros". Quien recolecte la mayor parte de artículos de la lista gana el juego. Era tan divertido conseguir todas esas cosas; ¡una no sabía lo raro que eran sus vecinos hasta que tocaba a su puerta y descubría que de hecho tenían un par de medias navideñas con dedos que se encendían y que se las podían prestar!

Pero las cosas que una recolecta en un juego de búsqueda de tesoros, reconozcámoslo son básicamente basura. Nadie realmente piensa que esas chucherías sean tesoros.

Algunas veces pensamos que Dios juega un juego cruel con nosotros; Él quiere que vayamos en una búsqueda de tesoros para recolectar "tesoros" que son basura en realidad. Pero Dios aclara que Él quiere darnos un tesoro verdadero, verdadero gozo, verdadera satisfacción. Algo increíblemente valioso. Algo que nos haga espiritualmente ricas; definitivamente no es basura disfrazada de tesoro.

La Biblia dice en 1 Pedro 1:7: "Estas pruebas demostrarán que su fe es auténtica. Está siendo probada de la misma manera que el fuego prueba y purifica el oro, aunque la fe de ustedes es mucho más preciosa que el mismo oro. Entonces su fe, al permanecer firme en tantas pruebas, les traerá mucha alabanza, gloria y honra en el día que Jesucristo sea revelado a todo el mundo" (NTV).

> Dios aclara que Él quiere darnos un tesoro verdadero, verdadero gozo, verdadera satisfacción.

Para mí, el proceso de convertir basura en un tesoro es continuo y seguirá hasta que Dios me lleve al cielo. Pero mientras tanto, déjeme compartirle un poco de esa horrible basura que se ha convertido en tesoros.

Como le dije, en 2003, me diagnosticaron cáncer de mama etapa uno. Un año y medio después, fui diagnosticada con melanoma etapa uno. A través de la prueba de fuego del cáncer, Dios produjo oro en mi vida, algo que ha perdurado y que trae gozo.

Un regalo convertido de basura en tesoro que Dios me dio es una nueva capacidad para relacionarme con personas que padecen una enfermedad mortal. Yo ya era defensora de la gente con VIH y SIDA antes de mi diagnóstico de cáncer, pero después de que experimenté el cáncer, podía ver a los ojos a las personas alrededor del mundo y decirles: "No sé lo que es dar positivo para VIH, pero sé lo que es que te diagnostiquen una enfermedad terminal". Experimenté nuevos niveles de empatía y compasión que jamás hubiera podido haber obtenido sin haber pasado por el cáncer.

También aprendí que puedo mirar a los ojos a la muerte. Solía tener mucho, mucho miedo de morir. No era que tuviera miedo de lo que me pasaría después de la muerte, porque estaba segura de mi salvación a través de Jesucristo, pero tenía miedo del proceso de morir. Dios me ha mostrado que no tengo que tener miedo. Ese "tesoro"—ser libre del temor—ha traído gran gozo a mi vida.

He llegado a apreciar lo precioso y frágil que es la vida. Ya no asumo que voy a envejecer y sentarme en el pórtico en una mecedora con mi marido para mirar el ocaso. Ahora entiendo que en un instante la vida puede cambiar para siempre. Pero saberlo me trae gozo en el momento presente, no temor del futuro. Cada día cuando me levanto, vivo más apasionadamente y con más propósito que nunca porque no sé que va a pasar mañana—Dios todavía es dueño del mañana—todo lo que tengo es hoy.

Obtuve un caminar más íntimo con Jesús ya que tuve que confiar en Él en maneras en que nunca había confiado en Él antes. Tuve que confiar en Él por el hecho de que probablemente deje a mi esposo y a mis hijos y no vea crecer a mis nietos. Tuve que confiar en Él por el hecho de que mi diagnóstico llegó seis meses después de que comencé a visitar África. Me encontré orando: *Me llamaste a ser una defensora, ¿y ahora debo morir?* Aprendí a confiar en Dios en esos lugares.

También he crecido en mi aprecio por el cielo y en mi expectativa de ir allá. El cielo me parece mucho más hermoso porque sé que en el cielo los cuerpos quebrantados y las mentes quebrantadas son finalmente sanados y restaurados.

Qué gozo poder identificarme con otros que sufren, para decirles que sé por lo que están pasando. Qué gozo vivir sabiendo que la vida es breve y que cada día cuenta. Qué gozo mirar a mi familia y a mis amigas y decirles que importan y que quiero pasar tiempo con ellos. ¡Qué gozo vivir cada día sabiendo que el cielo es un lugar de sanidad! Este es un gozo que viene, no a pesar del sufrimiento, sino gracias al sufrimiento. Estoy asombrada por los tesoros, los tesoros escondidos del gozo, que he encontrado en los lugares secretos de la oscuridad.

ORACIÓN

Padre, ayúdame a ver tesoros de gozo en la oscuridad de mi vida. Quiero creer que tienes oro escondido en lugares secretos cuando paso por tiempos difíciles. Perdóname por creer la mentira de que el sufrimiento no es otra cosa que un enemigo que me va a dañar en lugar de creer que Tú eres mi amigo. Tú estás allí para caminar conmigo y mostrarme tesoros que de otro modo no habría visto. Guárdame de rechazar el regalo de gozo que el dolor trae. Que te busque como el que está cercano, el que es íntimo, quién me llama por nombre. Que el dolor en el que estoy me empuje a una mayor pasión por ti y un mayor gozo en ti. En el nombre de Jesús, amén.

Para reflexionar y aplicar

1. Piense en un tiempo de profunda tristeza en su vida, y que ya haya pasado. ¿Qué tesoro encontró?

2. Si un ser querido la describiera a usted con otra persona, ¿qué le gustaría escucharlos decir? ¿Qué se necesitaría para que ellos la describieran como una mujer de gozo?

PARTE 3

El
GOZO
ES UNA CONDICIÓN DE MI CORAZÓN

*Cultive una respuesta del alma que
permita que el gozo profundice*

Una vez más mi espíritu exageradamente sensible se sentía aplastado por el conflicto; esta vez con una amiga muy amada. Mis defensas de autoprotección estaban cargadas y listas para disparar, pero no podía decidir si quería dejarme ir con palabras hirientes o simplemente retirarme a la cálida oscuridad de la autocompasión y la depresión.

Se me presentó otra opción cuando recordé Jeremías 2:13 y la poderosa ilustración de cavar mis propias cisternas para encontrar gozo. Aquí estaba una perfecta oportunidad para deliberada, intencional y premeditadamente encontrar gozo, no en una amiga, quien representaba una cisterna que no podía retener agua, sino en el Dios que nunca me va a dejar ni a desamparar, aun y cuando me quede corta en mi mejor comportamiento. *Tú eres mi fuente de gozo, Dios; te escojo a ti,* susurré para mí misma.

El conflicto todavía se tenía que resolver, pero lo enfrente desde una posición de renovación espiritual y fuerza, ya sin buscar gozo de manera poco realista en otro ser humano tan frágil como yo misma, sino confiada de que tenía un Amigo cuya presencia en mi vida era permanente.

Quizá no este lista para decirlo denodadamente: "Dios, tú eres la única fuente de gozo para mí". Probablemente en algunos días apenas pueda susurrar esas palabras sin mucha convicción. Quizá se encuentre en la etapa en la que solamente puede pensar en ello por precaución. Pero incluso si usted simplemente permitió el pensamiento en su mente, ¡está avanzando! Ese es el principio al que Dios quiere llevarla. A lo largo del tiempo, a medida que usted y yo pongamos nuestra esperanza y confianza en Dios y meditemos en quién es Él, comenzaremos a tomar para nosotras mismas el sistema de valores del cielo. Y el gozo crece en el sistema de valores del cielo porque no está basado en circunstancias externas sino en certidumbre interna.

Como un cultivo cuidadosamente atendido, el gozo crece cuando tomamos el tiempo de plantar, regar, desyerbar y esperar la cosecha. Como dice Mike Mason: "La dirección del gozo no siempre es hacia arriba. A menudo para ser gozosos debemos ir hacia abajo; por debajo del ruido de los pensamientos disparados, por debajo del caos en espiral de las circunstancias, por debajo de las decepcionantes apariencias de la vida, abajo hasta las aguas tranquilas y los pastos verdes en el centro del corazón".[1]

Pero no se equivoque: ¡El gozo puede crecer en usted! ¿Lo quiere? ¿Qué está dispuesta a hacer para ayudarlo a que se arraigue en su alma? Recuerde, usted tiene un enemigo que no le gusta nada más que vernos hechas un mar de lágrimas en el piso: hechas añicos, desanimadas y sin esperanza. Si lo quiere, tendrá que luchar por él. Si usted piensa que experimentar el gozo viene naturalmente, no ha estado escuchando. La felicidad no requiere esfuerzo de su parte, pero el gozo viene como resultado de decisiones deliberadas de pensar diferente, actuar diferente y sentir diferente. La felicidad viene sin buscarla e inesperadamente y se puede ir así de abruptamente; el gozo puede estar disponible a cualquier hora, en cualquier lugar; pero es un resultado de su decisión de escogerlo.

Hay acciones específicas que puede realizar que permitirán que la pequeña semilla del gozo madure en una planta robusta, fuerte, que pueda resistir vientos de velocidad huracanada, pero usted debe escoger cultivarla con ternura en lo profundo dentro de usted. En esta sección, vamos a considerar las acciones que llevan a una tranquila confianza en nuestras emociones y actitudes para que cuando sucedan las cosas malas, ya tengamos el reflejo del alma que necesitamos para reaccionar con gozo. No solamente podemos crecer en nuestra capacidad de cultivar gozo en nosotras mismas, sino que también podemos tener la habilidad de cultivarlo en otras personas.

7

Alimente en el gozo en usted misma

A todos los que se lamentan en Israel les dará una
corona de belleza en lugar de cenizas,
una gozosa bendición en lugar de luto, una festiva
alabanza en lugar de desesperación.

—ISAÍAS 61:3, NTV

Los muros que construimos
a nuestro alrededor para que
no entre la tristeza también
mantiene a raya el gozo.

JIM ROHN

A medida que buscaba descubrir cómo vivir una vida gozosa, hice un descubrimiento sorpresivo acerca de mí misma. Tanto como digo que quiero ser más gozosa, a menudo lo saboteo activamente en mí misma y en otros. En lugar de cultivar reflejos del corazón que me permitan brillar como una estrella en una noche oscura, me he descubierto a mí misma trabajando horas extra para golpear las bridas de gozo que comienzan a florecer. Algunas veces es por las inmensas y abrumadoras circunstancias de la vida que vienen como visitas inesperadas y que me siento impotente de cambiar, pero otras veces el gozo se evapora por las decisiones que tomo con respecto a asuntos de relativa poca importancia. No quiero hacerlo más. En lugar de ser una asesina de gozo, quiero ser una constructora de gozo. Estoy lista para aprender a usar las herramientas que le permitirán al gozo arraigarse. Consideremos cuatro maneras de cultivar y edificar el gozo en nuestra alma.

Enfóquese en la gracia

Para el momento en que fui a la universidad, tenía un corazón sincero pero un entendimiento seriamente equivocado de cómo agradar a Dios. Crecí convencida de que si hacía lo correcto, Dios me amaría; cumplir las reglas era mi boleto a convertirme en una gran mujer de fe. *Gracia* era el nombre de una mujer, no algo conectado con Dios.

Rick y yo llegamos a la mayoría de edad durante la turbulencia del final de la década de 1960 mediados de la de 1970; usted sabe: los *hippies*, Vietnam, el movimiento de los derechos civiles, la revolución sexual, Woodstock y, lo mejor de todo, el Movimiento de Jesús.

El Movimiento de Jesús con su énfasis en adoración apasionada y discipulado radical, explotó en la escena nacional a través de la música, las artes y la predicación encendida. De pronto, las iglesias segregadas racialmente con coros vestidos de togas cantando himnos sedantes y pastores predicando los mismos mensajes antiguos de la misma vieja manera ya no era lo que nos gustaba y admirábamos. Ser *bien portados* y caber en el status quo del mundo de sus padres dejó de ser la meta de los adultos jóvenes. Los jóvenes y mujeres de cabello largo tomaron al Jesús radical de la Biblia en serio, y sus mensajes de obediencia disciplinada, la muerte al interés egoísta y el amor sacrificado conmovieron al país.

A medida que el Movimiento de Jesús barrió en nuestra pequeña universidad cristiana, yo estaba lista para algo más allá del cristianismo seguro en el que había crecido. Fui cautivada por el deseo de *ser algo* para Dios. Lamentablemente, traje mi entendimiento equivocado de la gracia de Dios a la mezcla, y la obediencia instantánea—seguir las reglas—se convirtió en un dios en y para sí mismo.

Una de las primeras "reglas" que comencé a seguir era no usar nada de maquillaje. Como rubia natural, casi no tengo pestañas ni cejas, ¡así que esta decisión tuvo serias consecuencias en mi apariencia! Viendo viejas fotografías, veo a una niña pálida con la cara lavada, pero yo me sentía piadosa y que le agradaba a Dios. Siguiente, decidí que usar esmalte de uñas también era carnal y un desperdicio de dinero, así que dejé de pintarme las uñas. Luego vino la firme decisión de nunca usar un traje de baño en público nuevamente. No más pantalones cortos, no más accesorios. Y para probar la profundidad de mi espiritualidad, me levantaba a las cuatro de la mañana a orar. Todos saben que las personas que se levantan a las cuatro de la mañana para orar son mucho más espirituales que las que se levantan a las siete, ¿no es así?

Pero esta es la parte triste. En lugar de generar gozo en mi vida, estas reglas autoimpuestas producían un caso potente de justicia propia. Si veía a otra niña en el campus de mi universidad cristiana, pensaba: *Miren a esa muchacha con pantalones cortos. ¡Apuesto que es de las que oran a las siete de la mañana! ¡Peso ligero!*

Cumplir con mis reglas también producía el temor de que nunca haría lo suficiente para agradar a Dios. Después de todo, cada grupo con el que me juntaba tenía diferentes reglas. ¿Cómo podría dilucidar todas las reglas *correctas*? Pensé que si hacía lo correcto de la manera correcta, Dios me amaría. Al enfocarme en las reglas, perdí completamente la relación.

Quizá para usted una regla no sea nada más que algo que romper, e ir más allá de seguir reglas de manera rígida suene como algo sumamente sencillo. Yo no entiendo ese punto de vista, sigue siendo desafiante para mí porque ¡sigo siendo una seguidora de reglas hasta la médula! Me gustan las reglas; me mantienen segura y hacen la vida manejable. Bueno, debo aclarar. Me gustan las reglas que *yo* hago, no las reglas de alguien más. *Mis* reglas tienen sentido. Las suyas quizá no. ¡Cuán hipócrita puedo ser! Pero Dios nos da todo el libro de Gálatas para enseñarnos que las reglas por sí solas no pueden darnos gozo.

Gálatas 3:12 nos dice que cumplir con las reglas nunca tuvo el propósito de ser la manera de relacionarnos con Dios: "El camino de la fe es muy diferente del camino de la ley, que dice: «Es mediante la obediencia a la ley que una persona tiene vida»" (NTV). El versículo 21 dice: "Si la ley pudiera darnos vida nueva, nosotros podríamos hacernos justos ante Dios por obedecerla" (NTV). ¿Puede haber algo más claro? Las reglas no producen vida. No producen gozo. Las relaciones sí.

Efesios 1:4-7 nos dice que la relación con Dios sucede. "Incluso antes de haber hecho el mundo, Dios nos amó y nos eligió en Cristo para que seamos santos e intachables a sus ojos. Dios decidió de antemano adoptarnos como miembros de su familia al acercarnos a sí mismo por medio de Jesucristo. Eso es precisamente lo que él quería hacer, y le dio gran gusto hacerlo" (NTV).

Cuando me hice cristiana, Dios me puso "en Cristo", y ahora soy completamente aceptable para Él. Este concepto es tan importante que la frase "en Cristo" es usada doce veces en Efesios 1. Dios quiere comunicarnos que cumplir con las reglas no es la clave para la relación; estar "en Cristo" lo es.

El hecho de que Dios me acepta era difícil de entender para mí hasta que vi una ilustración que realmente se me pegó. Me gustaría que hiciera una pausa en la lectura y que tomara un par de minutos para hacer este ejercicio de modo que obtenga todo el impacto de la dulce verdad de la aceptación de Dios para usted.

Busque una pequeña hoja de papel; cualquier papel sirve.

Arrúguela y luego estírela. Embárrela de lápiz labial o tinta o tierra. Rompa las orillas en varios lugares. ¡Ahora debe tener una hoja de papel bastante desagradable en sus manos!

Este papel representa su vida antes de que viniera a Jesucristo; bastante desagradable y sin mucho valor. Las arrugas y las roturas y las manchas representan los errores que ha cometido. Apuesto a que usted espera (al igual que yo) que algunos de esos errores solamente le sean conocidos a Dios. Todas estamos avergonzadas de algunas de las decisiones que hemos tomado en la vida, algunas actividades en las que hemos participado y palabras que hemos dicho.

Ahora, tome esa hoja de papel maltratada y póngala dentro de este libro—en cualquier parte—y luego cierre el libro apretándolo. Sostenga el libro en sus manos y trate de ver si encuentra dónde está esa hoja de papel. Dele vuelta al libro en diferentes direcciones en sus manos. Si el papel es lo suficientemente chico, seguramente no lo puede encontrar. El papel está "en" el libro, y si usted no supiera que metió la hojita allí, no tendría idea de que el libro contiene una hojita de papel rota y manchada.

Eso es, mis hermanas, lo que Dios hizo por nosotras cuando le trajimos nuestras almas harapientas a Él para salvación: Nos tomó y nos puso "en" Jesucristo. Ahora estamos "en Cristo" y cuando Dios nos mira—aun y cuando nos voltee en cualquier dirección posible—todo lo que puede ver es la justicia perfecta de su amado Hijo, Jesús. De la misma manera que este libro cubrió físicamente su hojita de papel, envolviéndola en sus páginas limpias, Jesús ha cubierto espiritualmente su alma maltratada y pecadora en la "justicia" pura, limpia y sin mancha que le pertenece a Él. Usted es aceptada en Cristo.

Como lo señala C. S. Lewis: "Cristo murió por los hombres precisamente porque los hombres no son dignos de que se muera por ellos; para hacerlos dignos".[1] En Cristo, Dios nunca la va a amar más de lo que la ama ahora, y nunca la amará menos. Su aceptación no se basa en su desempeño, sino en la perfección de Cristo, que nunca cambia.

Como nuestros semejantes que se supone deben amarnos bien no siempre hacen un buen trabajo, proyectamos ese amor humano inadecuado hacia Dios. Si pudiéramos alguna vez comenzar a asir verdaderamente la profundidad del amor que Dios tiene por nosotras, cambiaría para siempre la manera en que lo vemos a Él, los planes que tiene para nosotras y la manera en que nos vemos.

La verdad es que el amor humano se cansa y se agota y puede perderse en la cotidianeidad de estar juntos mucho tiempo. Dudamos en "molestar" a familiares y amigos con nuestras preocupaciones o ansiedades, temerosas de que los fastidiemos. Cuando los que están más cerca de nosotros nos han apoyado en nuestros momentos de debilidad demasiadas veces, nos sentimos tentadas a creer que nos hemos convertido en una carga para ellos.

Pero para Dios nunca somos una molestia, o una carga, sino sus amadas. Tal tierna expresión de cuidado, rica en significado, habla a los anhelos más profundos de nuestro corazón. Ser la amada de Dios significa que somos queridas, atesoradas, valoradas y anheladas. ¡Él no la tolera; Él la adora!

¿Cómo sabemos que eso es lo que siente por nosotras? Su Libro de Gozo nos lo dice. Dios llama a Jesús su Hijo amado (Mateo 3:17), y Efesios 1 dice que estoy espiritualmente *en*

Jesucristo; eso significa que si Jesús es el Hijo amado de Dios, entonces yo también lo soy.

> ...De manera que alabamos a Dios por la abundante gracia que derramó sobre nosotros, los que pertenecemos a su Hijo amado.
>
> EFESIOS 1:6, NTV

Muchos versículos confirman que somos las amadas de Dios, pero aquí hay solamente dos más:

> Dios los ama a ustedes y los ha escogido para que pertenezcan al pueblo santo...
>
> COLOSENSES 3:12, DHH

> Nosotros, en cambio, siempre debemos dar gracias a Dios por ustedes, hermanos amados por el Señor, porque desde el principio Dios los escogió para ser salvos, mediante la obra santificadora del Espíritu y la fe que tienen en la verdad.
>
> 2 TESALONICENSES 2:13

Si alguna vez se ha preguntado si Dios REALMENTE la ama, esta verdad espiritual debería disipar esa duda. Como dice Efesios 1, hemos sido adoptadas en la misma familia de Dios. Esta es la prueba más significativa de que está locamente enamorado de usted: ¡Le dio *gran placer* incluirla en su familia!

¿No es sorprendente ver el amor de Dios por usted en su Palabra? ¡Su corazón late de gozo al pensar en usted!

Ahora sé que Dios me está diciendo: "Te amo no por ninguna cosa que hayas hecho, no porque tengas alguna dignidad, no porque has guardado rígidamente todas las reglas, no porque eras la niña que no usaba pantalones cortos en la universidad. Te amo porque en ti he puesto mi amor". Eso es gracia. Eso es aceptación. Al escoger creer en la gracia de Dios y su aceptación me llena de gozo en los lugares más sensibles de mi alma y me prepara para confiarle mi futuro.

Confíe en Dios para el futuro

A medida que esta pequeña semilla de gozo comienza a crecer dentro de nosotras, será expuesta a la prueba potencialmente tóxica de la preocupación. Nada mata el gozo más rápido que la preocupación. Algunas de ustedes son fabulosas para preocuparse; han elevado su preocupación a una rama artística. Cuando no se están preocupando por sus finanzas, su trabajo, su matrimonio, sus hijos o su salud, se preocupan por nada en específico, de modo que puedan seguir preocupándose. ¡Usted podría ganar un poco de dinero por fuera preocupándose por otras personas!

Recuerde nuestra definición de gozo: El gozo es la tranquila seguridad de que Dios está en control de todos los detalles de mi vida, la confianza apacible de que finalmente todo va a estar bien y la decisión determinada de alabar a Dios en todas las cosas.

¿Ve cómo la confianza y el gozo están relacionados? Cuando la confianza en Dios crece, el gozo tiene la libertad de crecer. No podemos tener gozo y preocuparnos al mismo tiempo.

Una amiga sabia una vez me dijo: "Cuando te estás preocupando no estas confiando. Y cuando estás confiando, no te estás preocupando".

Dios anhela que lo miremos en confianza con una mirada

firme y fija y que solamente veamos nuestros problemas brevemente. Mi patrón ha sido fijar la mirada en los problemas y solamente ver de pronto a Dios. Cuando algo sucede en mi vida que me lleva a preocuparme, la tentación es enfocar toda mi energía y atención en el problema. No puedo dejar de pensar en la situación que me tiene ansiosa, y puede ensombrecer todo otro aspecto de mi vida: mi marido, mi trabajo, mi ministerio, mi salud. Me encuentro *fijando la mirada* en el problema.

Me gustaría poder decir que la energía que invierto en fijar mi mirada en mis problemas es productiva—que he generado soluciones y estrategias—pero, lamentablemente, muchas veces experimento una repetición interminable de los mismos pensamientos que tuve el día anterior, e incluso cuando hablo con Dios acerca del problema—que en esencia es seguir mirando fijamente el problema—mi enfoque sigue estando en el problema mismo. Sin embargo, estoy hablando con el Dios del mar Rojo que tiene la capacidad de resolver o darme la fuerza para enfrentarlo, si pudiera poner mi atención en Él.

> No podemos tener gozo y preocuparnos al mismo tiempo.

Una parte fundamental de expresar confianza en Dios es aprender como fijar la vista en Él y solamente echarle una mirada a nuestros problemas. Cuando lo hacemos al revés y fijamos la vista en los problemas y solamente le echamos una mirada a Dios, el gozo no se puede arraigar en nuestro corazón porque estamos demasiado enfocadas en nosotras mismas. Como dice la Biblia en 1 Pedro 5:7: "Pongan todas sus preocupaciones y ansiedades en las manos de Dios, porque él cuida de ustedes" (NTV). La falta de confianza ahoga el gozo de nuestro corazón.

Mateo 6:33-34 dice: "Por lo tanto, pongan toda su atención en el reino de los cielos y en hacer lo que es justo ante Dios, y recibirán también todas estas cosas. No se preocupen por el día de mañana, porque mañana habrá tiempo para preocuparse. Cada día tiene bastante con sus propios problemas" (DHH).

Otra versión dice: "Así que no se preocupen por el mañana, porque el día de mañana traerá sus propias preocupaciones. Los problemas del día de hoy son suficientes por hoy" (v. 34, NTV).

Si hay un versículo bíblico que deba poner en el espejo del baño es este. ¡Lo necesito escrito en mi mano para que lo pueda leer una y otra vez! Quizá me haga un tatuaje: "¡Vive un día a la vez!".

Sarah Young, autora de *Jesús te llama*, meditaba en la Escritura y luego escribió un libro devocional diario como si estuviera escrito desde la perspectiva de Jesús a sus hijos. Esta es su interpretación de lo que la Biblia dice en Deuteronomio 29:29 y Salmos 32:8 acerca de la preocupación:

> Te estoy guiando paso a paso, a lo largo de tu vida. Toma mi mano en confiada dependencia, permitiéndome guiarte a lo largo del día. Tu futuro se ve incierto y se siente endeble; incluso precario. Así es como debe ser. Las cosas secretas le pertenecen al Señor, y las cosas del futuro son cosas secretas. Cuando tratas de dilucidar el futuro, estas tratando de asir cosas que son mías. Esto, como todas las formas de preocupación, es un acto de rebelión: dudar de mis promesas para cuidar de

ti. Siempre que te encuentres dudando acerca del futuro, arrepiéntete y regresa a mí. Te mostraré el siguiente paso que debes dar, y el siguiente después de ese. Y el siguiente después de ese. Relájate y disfruta el viaje en mi presencia, confiando en que te abriré el camino a medida que andes.[2]

Quedé impresionada cuando medité en su aseveración de que la preocupación "dudar de las promesas de que Dios cuidará de mí" es una forma de rebelión. Yo no quiero vivir en rebeldía contra Dios ni siquiera en la manera más leve, ¿y usted? Pero tiene sentido. Dios ha prometido repetidamente que cuidará de nosotras, asegurándonos que conoce nuestras necesidades incluso antes de que le pidamos. ¡Somos sus amadas! Cuando nos rehusamos a creer en él "como lo evidencian los dolores de cabeza por la tensión, las uñas mordisqueadas, la irritabilidad, los dolores estomacales y las noches en vela" estamos diciendo: "Sé que me ayudaste en el pasado, pero ¿y hoy? No estoy segura de que pueda contar contigo, Dios, así que es mejor que resuelva esto por mi cuenta". Y eso, mis hermanas, es una carencia total de confianza, que es una forma tácita de rebelión.

Hace muchos años, Rick y yo hicimos nuestro primer viaje internacional lejos de nuestros hijos, quienes eran sumamente jóvenes en ese tiempo. Como saben, no me gusta volar. En ese entonces realmente lo odiaba. Semanas antes de irnos comencé a contemplar el viaje en avión que me llevaría lejos de mis hijos durante diez días. Cada noche sufrí de sudores fríos al visualizar todos los escenarios terribles que podrían suceder mientras yo no estuviera en casa para controlar todo.

Primero que nada, estaba convencida de que Rick y yo

nos íbamos a morir en un accidente aéreo. Lo segundo que iba a pasar era que mis hijos iban a morir o a resultar gravemente lesionados, aunque sus abuelos fueran extremadamente responsables. Me preocupaba que nuestra casa se fuera a incendiar. Y para colmar mis temores fuera de control, visualizaba a los miembros de nuestra congregación yéndose tras algún otro pastor y echándonos de la iglesia. Estaba loca de ansiedad.

Repetidamente le decía a Rick: "Estoy tan asustada. ¿Y si nos morimos, o si los niños se mueren o si la casa se incendia o si pierdes tu empleo?". El paciente, pero firmemente, me decía que todo iba a estar bien. "¡Pero no puedes estar seguro de eso!—le decía entre lágrimas—. ¿Algo te dice que no nos vamos a estrellar? Te ha enviado Dios un correo electrónico diciendo que los niños van a estar bien y que tu empleo va a estar bien?".

Mi ansiedad se puso tan mal que iba a tener que cancelar el viaje o hacer algo al respecto. Finalmente me di cuenta de que tenía que tratar este asunto seriamente con Dios.

Recurrí a las Escrituras. Cuando estaba leyendo, encontré la historia del ángel Gabriel diciéndole a María, la madre de Jesús que iba a tener al Mesías. Ella seguramente estaba completamente aterrorizada con todos los "y si" que llenaban su mente. ¿Pero cuál fue su respuesta? Inmediatamente—no después de semanas de llorar y seguir adelante—dijo: "Aquí tienes a la sierva del Señor [...] Que él haga conmigo como me has dicho" (Lucas 1:38).

Pensé: *Eso es. Dios, no creo que quieras que cancele este viaje solo porque tengo miedo. Confío en ti. No conozco el futuro. No puedo dilucidarlo. Pero, Dios, creo que eres suficiente para mí hoy, y que será suficiente para mí mañana y el mañana después de ese. Permite que mi actitud sea la misma que la de María. Permíteme llegar a un lugar de paz.*

Inadvertidamente, le di mi corazón a los dioses menores del temor, la preocupación, la ansiedad y la depresión. Confiar en que Dios estaba en control de todos los detalles de mi vida me llevó a una paz tranquila y confiada, pero no era el tipo de paz que usted podría esperar. El lugar de paz al que vine no era a la seguridad de que no moriría. No tenía nada que ver con mis hijos, mi casa o el trabajo de Rick. Mi paz era esta: Aun y cuando *nada este* bien, *yo* voy a estar bien. Yo voy a estar bien sin importar lo que suceda porque Dios está conmigo y Él será suficiente. Esta es la apacible confianza de la que he estado hablando; la confianza de que Dios la va a ayudar a pasar lo que sea.

Es el tipo de paz que Dios está trabajando para generarla dentro de nosotras días tras día. Cuando venimos en contra de las cosas que nos asustan, estamos en el mejor lugar para desarrollar paz y gozo. Es en estos lugares que tenemos la oportunidad de decirle a Dios: "Soy tuya. Que se haga conmigo como me has dicho".

Equilibre su vida

Muchas de nosotras pasamos nuestros días sintiéndonos impulsadas por las exigencias casi imposibles de nuestra vida. Hace más de dos mil años, antes el correo electrónico, las redes sociales, los teléfonos celulares y la compartición del coche, el filósofo griego, Sócrates, dijo: "Tenga cuidado con la esterilidad de la vida atareada". El gozo se seca en nuestra vida cuando estamos demasiado ocupadas.

Con demasiada frecuencia sobreestimamos la cantidad de tiempo que tenemos para hacer una tarea y subestimamos la cantidad de tiempo que verdaderamente se va a llevar realizarla. Terminamos esclavizadas a los compromisos que hemos adquirido, diciéndole que sí a todas las cosas equivocadas sin tiempo ni energía para decirle que sí a las personas más cercanas a nosotros.

Cuando nuestros hijos o nietos nos piden que juguemos con ellos, no podemos, porque tenemos mucho que llevar a cabo. Cuando nuestro marido nos hace esa mirada, decimos que no porque simplemente estamos demasiado cansadas. Cuando una amiga necesita un oído que la escuche, estamos distraídas porque tenemos que regresar a la oficina. Cuando sentimos la carga por orar por algo que escuchamos en la iglesia esa mañana, la olvidamos de camino a la tienda de abarrotes. Nos hemos entregado a búsquedas que parecen importantes y dejan a las personas más cercanas a nosotras anhelando una relación.

Estoy convencida de que la mayoría de nosotras somos unas mentirosas fantásticas cuando se trata de estar atareadas, pero la persona a la que le mentimos es a nosotras mismas. ¡La capacidad que tenemos de engañarnos a nosotras mismas es épica! Cuando decimos: "Es una temporada ocupada", o: "Esto es solamente temporal; no voy a vivir así para siempre", nos engañamos a nosotras mismas para pensar que este ritmo frenético es una condición temporal en lugar de la nueva normalidad.

Como dice Annie Dillard tan sucintamente: "La manera en que pasamos nuestros días es, por supuesto, la manera en que pasamos la vida. Lo que hacemos con esta hora, y con esa otra, es lo que estamos haciendo".[3] Sí, hay temporadas de ocupación inusual, pero es demasiado fácil permitir que una temporada se vuelva un patrón. Lo que se vuelve un patrón se convierte en un modo de vida. Y un estilo de vida ocupado nos roba el gozo.

En Salmos 127:2, leemos: "Es inútil que te esfuerces tanto, desde la mañana temprano hasta tarde en la noche, y te preocupes por conseguir alimento; porque Dios da descanso a sus amados" (NTV). ¡No entiendo completamente este versículo porque todavía no me levanto en la mañana para encontrar que todo quedó hecho mientras estaba dormida! Pero sé que el punto es que nos estamos haciendo un mal al trabajar mañana, tarde y noche, presionando porque pensamos que si algo no se hace todo se va a desmoronar, y luego caer tan exhaustas en la cama que no podemos dormir. Estar atareadas cumple con nuestro programa de actividades, pero fractura la familia. Nos roba el gozo.

> Yo voy a estar bien sin importar lo que suceda porque Dios está conmigo y Él será suficiente.

El antídoto para estar atareada es el equilibrio. Encontrar el equilibrio comienza con una conversación sincera con Dios. Pregúntele: "Dios, ¿por qué estoy ocupada? ¿Qué es lo que estar atareada significa en mi vida? ¿Qué significa en mi relación contigo? ¿Por qué estoy tan impulsada? ¿Por qué estas tareas son más importantes para mí que la gente y las relaciones? ¿Qué representa tanta actividad?". Y Dios se lo va a mostrar.

Una vez que haya tenido una conversación de corazón a corazón con Dios sobre por qué usted está tan impulsada, reconozca la brevedad de la vida y desacelere el paso. Mi amiga Lynnda, quien se mueve lentamente y con gracia a través de su muy satisfactoria vida, me dijo:

> Estoy agradecida por las caras de los que nos acompañan alrededor de la mesa de la vida diaria; sean familiares, vecinos o amigos. Nuestras vidas están llenas hasta el borde y rebosando de la riqueza de las relaciones; el vínculo de amor que proviene de andar por el camino de la fe con la determinación de vivir profundo en lugar de rápido. Paz en lugar de la carrera de ratas.

Lynnda entiende las verdades de Santiago 4:14: "¿Cómo saben qué será de su vida el día de mañana? La vida de ustedes es como la neblina del amanecer: aparece un rato y luego se esfuma" (NTV), y Job 7:7: "…mi vida es un suspiro…". Estos versículos nos enseñan que el tiempo es vida y que la vida es corta. Algunos podrían concluir que la brevedad de la vida requiere que nos movamos *rápido* como respuesta, para asegurarnos que la vivamos intensamente antes de morir. Pero Lynnda ha concluido eso *porque* la vida es corta; cada temporada debe ser saboreada lentamente y disfrutarse en verdad.

Por supuesto, cada etapa de la vida tiene limitaciones, así como oportunidades únicas, sea que tenga niños de brazos en casa, el nido vacío, un trabajo a tiempo completo o preocupaciones de salud relacionadas con la edad. No obstante pasamos por la vida actuando como si la vida no cambiara. Eclesiastés 3:1 dice: "Todo tiene su momento oportuno; hay un tiempo para todo lo que se hace bajo el cielo". En verdad, necesitamos estar ajustando constantemente nuestro programa y prioridades con base en la etapa de la vida en la que estamos. Parte de tener equilibrio es saber en qué etapa de la vida está y ajustarse a ella.

Mis películas favoritas de todos los tiempos son la trilogía *El señor de los anillos*; me encanta la pompa, el heroísmo, los temas grandiosos del bien contra el mal y la sabiduría de uno de los personajes principales, Gandalf el Gris. Cuando otro personaje se queja y dice que desea que esos malos tiempos no hubieran venido cuando vinieron, Gandalf responde con estas palabras: "También todos los que viven tiempos como estos. Pero eso ellos no lo pueden decidir. Lo único que podemos decidir es lo que vamos a hacer con el tiempo que se nos ha dado".[4]

Al final de su vida, ¿estará complacida con las decisiones tomadas con respecto al tiempo que se le dio? Y todavía más importante, ¿estará Dios complacido? La clave es rendir el control de nuestro breve periodo de vida a Él diariamente, teniendo en mente que la profundidad y no la velocidad es la medida más verdadera de una vida equilibrada.

Salmos 31:15: "Mi vida entera está en tus manos", es un versículo que la mantendrá centrada y enfocada en utilizar su tiempo sabiamente en medio de su agenda, listas de tareas y fechas límite, además de que alimentará su alma con gozo.

Practique la aceptación

Otra confesión: Soy una perfeccionista. No es algo de lo que esté orgullosa, pero he dicho en broma que soy miembro activo de El Club de Perfeccionistas de los Estados Unidos. Espero perfección de mí misma y de los demás y del mundo en el que vivo; lo cual significa que siempre me estoy enfilando hacia la desilusión.

Quiero que mi cabello se vea perfecto; no obstante, nunca se riza de la misma manera dos veces. Sigo con precisión las instrucciones del fabricante para lavar una blusa nueva y se encoje la primera vez que la lavo. Voy a la iglesia y encuentro una falta de ortografía en la proyección de las canciones. Y me molesto bastante porque las cosas no están, bueno, *perfectas*.

Algunas personas me han escuchado preguntar en voz alta: "¿Por qué la perfección es tan difícil?". ¿Es alguna maravilla que la respuesta que he obtenido es algunas cejas levantadas? La respuesta a mi pregunta es sencilla. La perfección no es difícil. Es *imposible*. Es imposible por lo que sucedió en Génesis 3. Cuando Adán y Eva decidieron comer el fruto de ese árbol para que pudieran ser como Dios, soltaron una maldición sobre nuestro mundo. El mundo no lo entiende. Lo llaman la Ley de Murphy: "Si algo puede salir mal, lo hará". Creen que es lindo e ingenioso, pero en realidad es Génesis 3 en acción.

El perfeccionismo tiene sus raíces firmemente plantadas no solamente en Génesis 3, sino también en el ambiente en el que crecimos. Con frecuencia un padre difícil de agradar, un familiar o una maestra o un entrenador altamente respetados pueden dañar seriamente el desarrollo de nuestro sentido de identidad, provocando que carguemos con su "voz" en nuestra cabeza como un crítico interno.

¿Y usted? ¿Su deseo de perfección interfiere de manera significativa con su trabajo o con su capacidad para lograr sus metas? ¿Evita que pueda desarrollar relaciones profundas? El perfeccionismo se extiende a desórdenes alimenticios y desórdenes de ansiedad. Es horrible. ¿Ha descubierto que perseguir la perfección le roba el gozo y la paz?

Richard Carlson escribe: "Todavía no he conocido a un perfeccionista absoluto cuya vida haya estado llena de paz interior. La necesidad de perfección y el deseo de tranquilidad interna se encuentran en conflicto entre sí".[5]

Que alivio fue para mí darme cuenta hace algunos años de que mi deseo de perfección en sí mismo no está mal. ¡Fuimos hechas para ello! Fuimos hechas para cuerpos perfectos Fuimos hechas para relaciones perfectas. Fuimos hechas para mentes perfectas. Fuimos hechas para vivir para siempre. Algo en lo profundo dentro de nosotras clama por lo que se perdió, así que seguimos tratando de alcanzarlo, seguimos tratando de encontrar esa perfección que anhela nuestra alma.

Así que, no está mal anhelar la perfección; simplemente está mal esperarla en la Tierra. No existe aquí. Verdaderamente hay *algo* mal en *todo*. Esa no solo soy yo, una Ígor hablando. Es reconocer el hecho de que vivimos bajo la maldición. La perfección solamente vendrá cuando Dios cree los nuevos cielos y la nueva Tierra y el paraíso sea restaurado. El paraíso se perdió en Génesis 3. Pero en Apocalipsis 21 es restaurado.

> No está mal anhelar la perfección; simplemente está mal esperarla en la Tierra.

Cuando se cumpla esa profecía, todo lo que anhelamos nos será restaurado. Dios nos dice que: "Él les enjugará toda lágrima de los ojos. Ya no habrá muerte, ni llanto, ni lamento ni dolor [...] «¡Yo hago nuevas todas las cosas!»" (Apocalipsis 21:4-5).

Eso significa que ya no viviremos más bajo la maldición. Significa cabello que se rizará de manera apropiada todas las veces. Letras de canciones sin errores ortográficos. Conversaciones sin malos entendidos. Significa que las relaciones ya no se echarán a perder. No más enfermedades mentales. No más cuerpos que no funcionan bien. No más cáncer. Todo lo que ha sido descompuesto será restaurado. Esa es una razón para gozarse.

El antídoto para el perfeccionismo es la aceptación: aceptación de nuestras imperfecciones terrenales porque estamos enfocadas en el día en que la imperfección dejará de ser. Si trato de experimentar la perfección aquí en la Tierra, me voy a quedar corta todo el tiempo. Si sigo buscando la perfección dentro de mí misma, voy a matar el gozo en mí. ¡Usted y yo necesitamos despedir a nuestro crítico interno! Cuando me acepto a mí misma en lugar de a quien me hubiera gustado ser; cuando acepto a los que están a mí alrededor tal como son, no como me gustaría que fueran; cuando acepto el mundo como es, y no como desearía que fuera, mi gozo hoy, así como mi esperanza por el mañana, pueden crecer.

Luche por el gozo

Le pregunté al principio de esta sección que tanto deseaba experimentar el gozo en su vida y si estaba dispuesta a luchar por ello. Para que el gozo se vuelva una realidad, usted debe pelear en contra de las actitudes del legalismo, la preocupación, la adicción al trabajo y el perfeccionismo, y en su lugar alimentar la gracia, la confianza, el equilibrio y la aceptación. Eso no se va a volver realidad sin pelear, pero todo lo que vale la pena es así. Una vez que usted y yo nos volvamos expertas en cultivar el gozo en nosotras mismas, encontraremos deleite en cultivarlo en los demás también.

ORACIÓN

Padre, es abrumador ver cómo he permitido que la crítica, el perfeccionismo, la ansiedad, la duda y el ajetreo se arraiguen en mi corazón y echen fuera el gozo. Dios, que en lugar de ello me convierta en una mujer de gracia y confianza, una mujer que refleje tu gozo para que los demás lo vean. Es imposible para mí hacerlo sola. Entra a lo profundo de mí y haz tu obra. Cámbiame de manera que me convierta en una mujer de gozo. En el nombre de Jesús, amén.

Para reflexionar y aplicar

1. ¿Cuáles son las maneras en que mata el gozo en sí misma?

2. Escoja una manera—gracia, confianza, equilibrio, aceptación—y pídale a Dios que la ayude a enfocarse en desarrollar esa reacción gozosa en su vida esta semana.

8

Alimente el gozo en otros

En cambio, el fruto del Espíritu es amor, alegría, paz, paciencia, amabilidad, bondad, fidelidad, humildad y dominio propio. No hay ley que condene estas cosas.

—GÁLATAS 5:22

Hay más hambre por amor y aprecio en este mundo que de pan.

MADRE TERESA DE CALCUTA

Rick y yo tuvimos luchas terribles en nuestros primeros años de matrimonio que comenzaron justo en la puerta: en nuestra luna de miel. Hubo una variedad de razones, pero un lamentable incidente generó una herida inmensa.

Íbamos conduciendo por Vancouver, Canadá, y Rick me miró y me dijo con mucha dulzura, tentativamente: "Tengo esta idea. Pensé que quizá podríamos hacer un libro juntos en el que registremos todas las cosas especiales que nos sucedan en nuestros años de matrimonio. Los lugares especiales a los que vayamos. Los eventos especiales. Probablemente tomar algunas fotografías. Para que cuando seamos una pareja anciana sentada en el pórtico en nuestras mecedoras, podamos recordar y ver la gran vida que tuvimos juntos".

No sé por qué, pero yo estaba de un humor terrible ese día, y le contesté: "¡Creo que esa es una idea terrible!". Su cara se descompuso con desilusión y vergüenza. No recuerdo lo que sucedió después—probablemente la vergüenza que todavía siento por haber destruido la oferta de amor de mi marido ha barrido con mis recuerdos—pero, ¡lo había destrozado! Aquí el me había ofrecido algo tan considerado, tan poco varonil, y yo lo tomé y lo enterré en el piso. Fue un momento de pura crueldad.

Le tomó veinte años a Rick, ¡pero me la devolvió!

Una Navidad decidí que Rick necesitaba un nuevo asador. Noten que dije: "Decidí". Teníamos un asador que estaba en tan mal estado que solamente Rick podía arreglárselas para encenderlo sin incinerarse. Pensé: *Ni siquiera puedo enviar a los niños a encenderlo antes de que Rick regrese a casa porque ¡se van a quemar!*

Una tienda de almacenaje estaba haciendo una liquidación, y compre este hermoso y despampanante asador para él. No solamente era un asador increíble con todos los accesorios necesarios, ¡sino que estaba barato! Yo estaba muy emocionada de saber que tenía un regalo extraespecial para él esa Navidad. Lo puse en el estacionamiento con una manta para cubrirlo hasta el día de la gran revelación la mañana de Navidad.

En Navidad, teníamos en la casa a toda la parentela y la casa estaba llena de gente. Todos sabían que yo tenía un regalo especial para Rick, así que al final de abrir los regalos, todos salimos en fila hacia el estacionamiento. Alguien traía una cámara de video lista para capturar la alegría que estaba a punto de experimentar. No podía esperar que Rick levantara la manta y viera el asador.

—¿Qué es?—preguntó, levantando la manta.

—¡Es un asador!—dije con alegría forzada y una tenue nota de desesperación ligeramente consciente de que el "gran" momento estaba a punto de terminar en desastre.

Lo miró una vez y dijo: "No necesito un asador". Y mis esperanzas y sueños navideños se fueron al piso.

Ahora bien, no juzguen tan duro a Rick, tengo que decirles que él había estado dándome señales durante meses acerca de que quería conseguir TV por satélite. Así que él estaba superemocionado, esperando que la gran caja debajo de la manta contuviera una antena satelital. Cuando retiró la manta y era un asador, como que el regalo no dio en el blanco. Como pude llegué a mi habitación, donde lloré, golpee mi almohada y dije todo tipo de cosas feas acerca de él. Fui humillada frente a todos, y estaba sumamente decepcionada. No solamente mi regalo había sido rechazado, sino que me tuve que quedar con el estúpido asador ¡porque la tienda ya había cerrado! (Mi suegro, el papá de Rick, era tan dulce. Me dijo: "Sabes, necesito un asador nuevo". Y me lo compro ese día, y estuvo sin usar en su patio hasta que murió dos años después).

Así que ya saben el final de la historia: no salimos corriendo al juzgado al siguiente día para divorciarnos. Tuvimos una LARGA conversación que incluyó lágrimas, abrazos y reconciliación. La experiencia definitivamente fue embarazosa y dolorosa al mismo tiempo, pero se convirtió en una leyenda familiar. La historia de "El Asador Navideño" nunca deja de generar gemidos, risas y muchas bromas.

Como vimos en el capítulo anterior, cada una tiene hábitos—como el legalismo, la preocupación, estar demasiado ocupadas y el perfeccionismo—que en lugar de cultivar el gozo profundamente dentro de nosotras, de hecho lo matan. Aparentemente, queremos compartir nuestra miseria con otros, porque en lugar de cultivar gozo en los demás, a menudo matamos el gozo en aquellos que Dios quiere que sean gozosos. Yo maté el gozo en Rick; él mató el gozo en mí. Yo no quiero volver a hacer eso. Y apuesto que usted tampoco.

Un filósofo de la antigüedad, Filo de Alejandría, dijo: "Sea amable. Todas las personas con las que se encuentre están luchando una dura batalla". ¿Cómo cambiarían sus interacciones diarias si viera a la gente a través de esa perspectiva? Si usted supiera que cada persona con la que se encontrará—familiar, amiga, compañera de trabajo, vecina, extraña—tiene un dolor escondido, ¿no transformaría su actitud hacia ellas? ¿Qué pasaría si considerara que uno de sus propósitos principales en la vida fuera cultivar gozo en los demás? ¿Cree que eso afectaría el nivel de gozo que *usted* experimentara?

Vamos a considerar cuatro maneras en que podemos ser parte de cultivar gozo en los que están a nuestro alrededor; en otras palabras, maneras en que podemos invitar a otros a experimentar el gozo que hemos descubierto.

Crea lo mejor de los demás

El cinismo está en ascenso en nuestra cultura. Nos hemos acostumbrado al atleta profesional que establece un récord y que resulta que había estado utilizando sustancias para mejorar su desempeño. Nos hemos acostumbrado al político que proclama defender los valores familiares y está visitando prostitutas, o el respetado líder de la comunidad que es atrapado maquillando cuentas de gastos. Hemos llegado a esperar que las personas no son como dicen que son y que siempre tienen motivos cuestionables.

El humor sarcástico y cínico reina en los programas de comedia y los noticiarios; entre más cruel mejor. Es divertido en la TV, pero es devastador en la vida real.

Quizá parte de nuestro cinismo provenga de saber que no siempre somos totalmente sinceras con *nuestros* motivos. A menudo buscamos que las situaciones también actúen a nuestro favor. Como resultado, no solamente asumimos lo peor en los demás, sino que actuamos como si supiéramos la motivación detrás de todo lo que hacen.

Primera de Corintios 13:7 dice: "El amor nunca se da por vencido, jamás pierde la fe, siempre tiene esperanzas y se mantiene firme en toda circunstancia" (NTV).

¿Captó eso? Siempre espere lo mejor, no lo peor. Qué respuesta tan refrescante es creer en otros en lugar de siempre buscar el motivo oculto. Si una compañera de trabajo programa una junta el día en que esperaba tomarse el día, no asuma que la programó solamente para molestarla. Asuma que no se dio cuenta de que usted no estaría presente y que quizá esté dispuesta a cambiar el día para que usted pueda asistir. Si usted escucha el rumor en la iglesia de que una amiga la criticó, asuma lo mejor en esa persona y trate de encontrar la verdad en lugar de asumir que el rumor es cierto.

Asumir lo mejor en otros evita que asignemos motivos a la conducta de otra persona. Estoy compartiendo con usted algunos de los lemas de mi vida, y este es uno de los mejores (ignore la redacción y concéntrese en la idea): "Nunca asuma nada de nadie". Este es un principio básico de relaciones porque si a veces no podemos dilucidar nuestros propios motivos, ¡cómo podemos conocer los de los demás!

En el libro clásico de C. S. Lewis, *Cartas del diablo a su sobrino*, un demonio de alto rango, Escrutopo, está instruyendo a un demonio aprendiz, Orugario, en cómo generar división entre un hijo y su madre que viven en la misma casa. Escrutopo alienta a Orugario a capitalizar las conductas irritantes entre los dos habitantes de la casa por medio de hacerles pensar que la otra persona esta *tratando* de ser molesta.

"Cuando dos seres humanos han vivido juntos por muchos años, suele suceder que cada uno tiene tonos de voz y expresiones faciales que son casi insoportablemente irritantes para el otro", escribe Escrutopo. El trabajo del demonio aprendiz es dejar que el hijo asuma que su madre *sabe* lo molesto que es cierto hábito y que lo hace para molestar. "Si conoces cuál es tu trabajo, él no va a notar la inmensa poca probabilidad de la suposición".[1]

Asumir que alguien está haciendo algo solo para incomodarla o porque no la valora, siempre es peligroso para las relaciones y el gozo.

"Gran remedio es el corazón alegre", leemos en Proverbios 17:22. Si usted quiere darle a una amiga una dosis de buena medicina, crea que ella tiene buenos motivos. Crea lo que dice. Crea que ella también desea lo mejor para usted. Llenará su corazón de gozo.

Ofrezca amor que no juzga

Si usted es una perfeccionista consigo misma, probablemente también sea una persona que critica a otros. Esas dos suelen ir juntas. Como usted no está contenta consigo misma, no está feliz con los demás.

Algunas de nosotras sentimos la obligación de señalarle a otras personas sus imperfecciones. Luego esperamos que sean agradecidas por ello, como si nos fueran a decir: "¡Oh, gracias! ¡Estaba esperando que me señalaras ese defecto hoy!". Todavía peor, le señalamos las imperfecciones de alguien a *otras* personas, cayendo en la trampa del chisme y el juicio.

Cuando criticamos a alguien, tiene que ver más con

nuestra necesidad de criticar que con sus imperfecciones o diferencias. Y cuando criticamos a otra persona, nos estamos perdiendo la belleza en ellos y nuestra relación con ellos. Destruimos la delicada semilla de gozo que está tratando de arraigarse en su corazón. En Romanos 2:1, leemos: "Por tanto, no tienes excusa tú, quienquiera que seas, cuando juzgas a los demás, pues al juzgar a otros te condenas a ti mismo, ya que practicas las mismas cosas".

Hace unos años, Rick se sentó conmigo y me dijo algo que me puso seria de inmediato. Me dijo: "Kay, creo que no te caigo bien".

Yo dije: "¿Qué? ¡Por supuesto que me caes bien! ¿A qué te refieres con que no me caes bien?".

Él me dijo: "Siempre haces chistes a mis costillas. Me criticas si traigo la camisa fajada o si no la traigo fajada. Me dices si este color combina con ese otro color. Me dices que traigo el pelo parado, y me lo aplacas como si tuviera seis años. Me tratas como a un niño. No importa cuál sea mi opinión, tú tienes algo que decir al respecto. Simplemente me criticas todo el tiempo".

Mi primera respuesta fue: "¡Claro que no! ¡Yo no hago eso! ¡No me comporto así!".

Y él me dijo: "Sí, así lo haces. Sé que me amas, pero no estoy seguro de que te siga cayendo bien".

Así que fui con el Señor esa noche y le dije: "Dios, tienes que ayudarme con esto. Porque siento que tiene razón. Y esto es realmente triste y feo".

El Señor me recordó esta imagen de la Biblia: "Pero si siguen mordiéndose y devorándose, tengan cuidado, no sea que acaben por destruirse unos a otros" (Gálatas 5:15). Luego me dio una imagen de Rick como si fuera un recorte de cartón; y yo era la señora Pac-Man. Perseguía a Rick y me lo iba comiendo poco a poco [muerde-muerde-muerde]. Le daba pequeños mordiscos una y otra vez. Podía ver que si seguía haciendo eso, iba a destruirlo. Iba a destruir el amor entre nosotros. ¡Iba a matar nuestro gozo por este constante muerde-muerde-muerde!

¿Hay alguien en tu vida que continuamente criticas? No estoy hablando de grandes cosas. Me refiero a pequeñas mordidas, constantemente..

La Biblia dice en Lucas 6:37: "No se conviertan en jueces de los demás, y Dios no los juzgará a ustedes. No sean duros con los demás, y Dios no será duro con ustedes. Perdonen a los demás y Dios los perdonará a ustedes" (TLA). ¿Qué tan clara tiene que ser la Escritura antes de que veamos que matamos el gozo cuando no le ofrecemos a los demás amor libre de crítica?

Usted quizá este pensando: *Yo la critico porque tiene algunos grandes defectos y debilidades ¡y yo sé cómo ayudarla!* Es absurdo pensar que criticar a alguien—juzgarla demasiado y señalar sus faltas—la va a hacer cambiar, y, sin embargo, lo hacemos constantemente. Es fútil, mis amigas. Recientemente encontré esta variación a la famosa oración de la serenidad de Reinhold Niebuhr: "Dios, concédeme la serenidad de aceptar a la gente que no puedo cambiar, la valentía de cambiar a la persona que puedo cambiar, y la sabiduría para saber que esa persona soy yo".

Filipenses 4:8 dice: "Finalmente, hermanos, piensen en todo lo que es verdadero, en todo lo que merece respeto, en todo lo que es justo y bueno; piensen en todo lo que se reconoce como una virtud, y en todo lo que es agradable y merece ser alabado" (TLA).

Piense en la persona más cercana a usted. ¿Qué tanto de esa persona es bueno y digno y aceptable y maravilloso? Quizá diga: "¡Noventa por ciento! Solamente hay diez por ciento de él que no puedo soportar". O quizá diga: "Cincuenta-cincuenta. A veces es difícil ver lo bueno en ella".

A medida que usted aplique esta Escritura, ¿dónde piensa que necesita poner el énfasis al pensar en esa persona? ¿En la parte que es irritante, frustrante, inmadura y débil? ¿O en la parte que es asombrosa, la parte que es digna de reconocimiento y felicitación y respeto? Si usted pone toda su atención en lo negativo, está generando una relación miserable.

No importa cuál sea el porcentaje. Así que donde usted ponga su enfoque y hacia dónde vaya su energía determina lo exitosa que sea esa relación. Cada relación que usted y yo tengamos mejorará cien por cien si podemos aplicar esto, si nos concentramos en los que es correcto, en lo que es bueno, en lo que es digno de respeto en esa persona. Es verdad que hay quebrantamiento, inmadurez, cosas que necesitan cambiar. Pero hasta que nos enfoquemos primero en lo bueno, no conoceremos el gozo en esa relación.

Recuerde, nada restaurará su gozo más rápido en el corazón de otra persona que las palabras: "Te acepto tal como eres".

Empatice con los sentimientos de los demás

Alguna vez ha dicho: "¡Hace frío aquí!", y la otra persona le respondió: "¡Claro que no!". O le ha dicho a alguien: "Me siento desanimada", y ella le respondió: "¡No digas tonterías! No deberías sentirte así". Usted no estaba buscando una cátedra. Usted estaba buscando un oído que la escuchara y un poco de benignidad.

En lugar de tener empatía con los sentimientos de otras personas, muchas veces minimizamos sus sentimientos, o tratamos de diagnosticar lo que está "mal" en ellos. Así como nos es difícil dilucidar nuestros propios motivos, no siempre conocemos nuestros propios sentimientos. Pero nos convertimos en Dr. Phil cuando se trata de nuestro familiares y mejores amigas, diciéndoles lo que están pensando y sintiendo; o lo qué *deberían* estar pensando y sintiendo.

Proverbios 14:10 dice: "Cada corazón conoce sus propias amarguras, y ningún extraño comparte su alegría". Solamente Dios sabe lo que otra persona esta pensando o sintiendo, y nosotras pecamos de arrogantes cuando asumimos que lo sabemos. Esto roba su gozo.

En lugar de ello, necesitamos tener empatía entre nosotras y escuchar los sentimientos antes de que comencemos a repartir consejos o entrar en acción. Jesús fue tocado por la tristeza, el sufrimiento y la angustia de las personas a las que ministró, y la Biblia frecuentemente comenta que su corazón estaba lleno de compasión como respuesta.

En Lucas 7:11-17, Jesús se encuentra con una viuda cuyo único hijo acababa de fallecer. Su duelo era desconsolador y su futuro era poco prometedor porque, como viuda, ahora estaba completamente sola, sin hijo alguno que cuidara de ella en su vejez. Jesús podría haber pasado de largo como si ella fuera sola una persona más que estaba sufriendo o simplemente hacer un ademán desde la distancia y revivir a su hijo. Pero el versículo 13 dice: "El Señor, al verla, se sintió profundamente conmovido y le dijo:—No llores" (BLPH). Él sintió lo que ella sintió, se dolió como ella se dolió, y *entonces* se puso en acción para restaurar la vida de su hijo muerto.

Leemos en 1 Pedro 3:8: "Por último, todos deben ser de un mismo parecer. Compadézcanse unos de otros. Ámense como hermanos y hermanas. Sean de buen corazón y mantengan una actitud humilde" (NTV).

Usted demuestra que ama a alguien cuando la escucha y se une a ella en su celebración o sus lágrimas, reconociendo que usted no conoce su corazón de la manera en que Dios lo conoce. Usted la ayuda a restaurar el gozo de su corazón cuando le da validez a sus sentimientos. La validación no significa que usted aprueba lo que alguien dice, ni tampoco que usted está de acuerdo con ella. Quizá esté sentada allí pensando: *¡Qué locura! ¡Nunca había oído algo tan extraño!* Pero esas nunca deberían ser las primeras palabras que salgan de su boca. De hecho, si usted es famosa por decirle a la gente exactamente lo que piensa, no se sorprenda si menos y menos personas la buscan para procesar sus sentimientos; en lugar de cultivar el gozo en otros, es posible que se esté haciendo la reputación de ser una exterminadora de gozo.

La validación simplemente dice: "Te escucho. Escucho lo que estás diciendo; recibo tus sentimientos".

Qué gran regalo nos damos unas a otras cuando recibimos en nuestras manos y en nuestro corazón los sentimientos de alguien más. La gente se muere por ser escuchada. La gente se está muriendo por poder derramar su corazón sin ser juzgada, sin que se le diga que está loca, sin que se le diga que sus sentimientos no importan. En Saddleback, algunas veces repetimos esta frase juntos como congregación: "Estoy quebrantado, pero no estoy loco". Usted puede sentir la libertad y el alivio que vienen sobre los congregados cuando afirmamos esta verdad entre nosotros.

Una de las mejores cosas de ir con una terapeuta (he pasado por mucha terapia en mi vida, ¡y la recomiendo mucho!) es tener un lugar donde alguien simplemente me escucha. Es verdad que le pagamos por escuchar, pero es un alivio tan grande derramar mi ansiedad, mi confusión y mis heridas y tener a alguien que simplemente reciba estas palabras.

Hay TANTAS mujeres solitarias que ansían ser escuchadas, validadas y que se tenga empatía con ellas. Salmos 69:20 dice: "Los insultos me han destrozado el corazón; para mí ya no hay remedio. Busqué compasión, y no la hubo; busqué consuelo, y no lo hallé".

No tenemos suficiente dinero para toda la terapia que necesitamos, y nunca lo vamos a tener. Así que escuchémonos unas a otras. Sostengamos el corazón unas de otras en nuestras manos durante unos pocos momentos para validar la importancia unas de otras. Consolémonos unas a otras con el consuelo que Dios nos ha dado (2 Corintios 1:4-8). Taylor Caldwell dijo: "La verdadera necesidad [del hombre], su más terrible necesidad, es que alguien lo escuche, no como un 'paciente', sino como una alma humana".[2]

¿Hay alguien en su vida que a menudo le dice que usted no escucha? Es probable que no esté de acuerdo, pero si ella siente que usted no está escuchando, es muy probable que así sea. Hágase estas preguntas: *¿Cómo es estar del otro lado de mí? ¿Qué es lo que los que están a mí alrededor experimentan de mí? ¿Hago que la gente esté a la defensiva al exigirles una explicación de sus sentimientos, o soy compasiva con los sentimientos de los demás?* Esta semana póngase como meta permitir que esa persona derrame su corazón sin juzgarla o criticarla. Solamente escúchela.

Efesios 4:32 dice: "Más bien, sean bondadosos y compasivos unos con otros, y perdónense mutuamente, así como Dios los perdonó a ustedes en Cristo".

Cuando escuchamos a los demás con compasión sin asumir que sabemos lo que están pensando o sintiendo, sin juzgar o criticar, le añadimos gozo a su vida.

Aprecie los esfuerzos de los demás

Puedo resumir este punto en una palabra: *¡Gracias!* Es sorprendente lo lejos que pueden llegar esa pequeña palabra para llenar el corazón de alguien más de gozo. A medida que busquemos cultivar el gozo en las demás, podemos ayudar a que florezca en ellas a través de agradecerles por el servicio que han dado y por los esfuerzos que han hecho para crecer y cambiar.

El apóstol Pablo era un maestro en mostrar aprecio. Cada carta que escribió está llena de saludos personales y palabras de afirmación para los que lo ayudaron de alguna manera: "Doy gracias a Dios por ustedes", "Doy gracias a mi Dios al acordarme de ustedes", "Recuerdo la ayuda que me dieron desde el primer día que creyeron".

Aunque Pablo era agradecido, uno de los errores que cometemos en esta área es que vemos las relaciones con un sentido de *me debes*. Cuando usted opera desde esa posición de tener derecho a, convierte todo lo que alguien le da como una ofrenda de amor en el pago por una deuda. Usted termina pensando: *¿Por qué debería agradecerte por hacer eso? Eso es lo que se supone que debes hacer.*

Y el gozo desaparece porque nada es recibido como un regalo. Nada es recibido en amor. La otra persona siempre tiene el sentimiento de que nunca le puede dar suficiente en comparación con todo lo que usted siente que ha hecho por ella. La deuda nunca es saldada. Esta es una situación que no le conviene a nadie en una relación; usted se siente engañada y su ser querido utilizado.

El gozo se evapora.

Otra manera de cultivar gozo en una amiga es expresar deleite con el crecimiento emocional o espiritual que vemos suceder en su vida. Lamentablemente, perdemos esta oportunidad porque pensamos que la otra persona no está cambiando tan rápido como debería. No ha crecido lo suficiente.

No ha aprendido lo suficiente. Pensamos: Yo no quiero aplaudirle por ese esfuerzo, porque entonces va a pensar que no necesitar cambiar más. Va a dejar de intentarlo.

Qué gran regalo nos damos unas a otras cuando recibimos en nuestras manos y en nuestro corazón los sentimientos de alguien más.

Mi pequeña nieta, Claire, está apenas aprendiendo a sonreír y a hacer ruiditos. ¡Qué tonta sería si yo esperara que empezara a hablar mañana! Ella no puede y, además, no debería.

Ella está haciendo exactamente lo que debería hacer a esta edad.

No importa cuantas horas me pase de pie junto a su cuna instándola a que diga: "¡Hola, abuelita!", no va a suceder hasta que sea el tiempo adecuado. Somos absurdas cuando recriminamos a otras para que "crezcan más rápido" emocionalmente o espiritualmente; el crecimiento es lento y gradual. Claire necesita mi afirmación de que sus arrullos son preciosos y lindos y que yo aprecio cada uno de ellos. A medida que crezca, cada ronda de aplausos entusiasta por sus esfuerzos van a hacer que quiera seguir intentándolo.

Nuevamente, el apóstol Pablo nos pone el ejemplo a seguir. Parece como si hubiera pasado el mayor tiempo de su ministerio animando a otros a crecer en Cristo, escribiendo hermosas palabras de aliento, afirmación y aplauso: "Tengo muchos deseos de verlos para impartirles algún don espiritual que los fortalezca"; "Queridos hijos, por quienes vuelvo a sufrir dolores de parto hasta que Cristo sea formado en ustedes"; "Por lo tanto, mis queridos hermanos, manténganse firmes e inconmovibles". A veces les hablaba como un padre amoroso, dando palabras de corrección y regaño cuando era necesario, pero su aprecio por sus esfuerzos para crecer nunca fluctuaron.

Pablo simplemente reflejaba la paciencia y la afirmación que *su* Padre le daba y que a su vez se las transmitía a los que venían detrás de él. ¿Está usted convencida de que Dios está complacido con sus esfuerzos, aun y cuando quiere que usted siga cambiando y creciendo? Si lo está, le será más fácil ser paciente con los pequeños pasos que sus amigas y familiares están tomando. El cambio por sí solo ya es suficientemente duro. Sin aliento, podría parecer imposible.

La mayoría de la gente a su alrededor está esforzándose por hacer cambios en su vida. Recibir aplauso de alguien que nota sus esfuerzos les dará un gozo que las animará todavía más.

El cambio es posible

En los últimos dos capítulos, consideramos maneras en las que fallamos en cultivar el gozo en nosotras mismas y en otros: legalismo, preocupación, adicción al trabajo, perfeccionismo, cinismo, crítica, egoísmo e ingratitud. Si esas actitudes están en usted, no experimentará gozo.

Es verdad que puede hacer algunos pequeños ajustes que quizá la hagan más feliz y que mejoren sus relaciones personales, pero esos cambios no necesariamente la conducirán al gozo. El gozo no es un ajuste superficial de actitud, sino una tranquila seguridad acerca de Dios, una apacible confianza en Dios y una determinada decisión de alabarlo en toda situación. El gozo ve la vida a largo plazo, más que a corto plazo, siempre viendo más allá a cosas mejores. Solamente los que están convencidos de que Dios está en control del futuro pueden entregarle el control a otros ahora. Los que creen que Dios finalmente va a enderezar las cosas pueden darse el lujo de esperar pacientemente ahora. Los que han puesto el bienestar de su alma al cuidado de un Dios gentil pueden sonreírle al porvenir.

Escoger cultivar gracia, confianza, equilibrio, aceptación, pensamientos positivos acerca de otros, amor que no juzga, empatía y aprecio le permitirá que el gozo crezca en usted, generando una transformación que alterará su vida en la esencia de quién es usted.

Una última palabra a medida que hablamos de cambiar y crecer en las respuestas de nuestro corazón. Si usted estuviera dispuesta a hacer una confesión, algunas de ustedes tendrían que reconocer que no se están sintiendo muy bien que digamos en este momento. Ha reconocido las maneras quebradas, destructivas en que extermina el gozo en usted misma y en las personas a su alrededor, pero en lugar de estar dispuesta a cambiar, se ha convencido a usted misma de una mentira: "Es que así soy. Siempre he sido así, y todos lo saben. No puedo cambiar. Cuando estoy bajo estrés, no puedo controlar la manera en que reacciono. Ya sabes de dónde provengo; dame un poco de espacio".

Mis queridas hermanas, podría sugerirles que su actitud revela uno o la combinación de cuatro posibles problemas: (1) Ha sido gravemente herida a lo largo de su vida, y sus palabras rudas, sus actitudes y su comportamiento son un intento por protegerse de la vulnerabilidad; (2) usted ha tratado de cambiar en numerosas ocasiones y ha fallado miserablemente, y cualquier plática sobre el cambio simplemente la lleva a ese lugar de desesperanza: (3) está enojada y amargada y en un estado de rebeldía activo contra las exigencias al parecer imposibles de Dios; o (4) simplemente no le ha permitido al amor de Cristo que vaya lo suficientemente profundo dentro de la tierra de su corazón para generar la transformación de la vieja usted en la nueva usted (1 Corintios 5:7).

Creemos que el cambio sucede cuando Dios nos arrea con un látigo, pero el cambio más perdurable sucede a medida que nos acercamos a su corazón de compasión y le permitimos abrazarnos. Así como el corazón de Jesús se rompió por el sufrimiento de la viuda en Lucas 7, su corazón sufre por su sufrimiento. Él la llama a ser transformada en el contexto de su fiel e inconmovible amor por usted. Ya no necesitas estar asustada. El cambio real es posible. Usted y yo realmente podemos llegar a ser mujeres de gozo, cultivándolo en nosotras mismas y en la vida de los que amamos entrañablemente.

ORACIÓN

Dios, yo quiero ser alguien que ofrezca perdón, aliento y amor que no juzgue a otros. Quiero ser alguien que escuche bien, alguien que asuma lo mejor de la gente y que no juzgue sus motivos. Necesito ayuda para hacerlo porque no es algo que me venga natural. Trabaja a través de mí para desarrollar gozo en los demás. En el nombre de Jesús, amén.

Para reflexionar y aplicar

1. ¿Puede pensar en maneras en las que haya matado el gozo en la vida de otras personas? ¿Cuál es la más común para usted: cinismo, crítica, egoísmo, ingratitud?

2. Pídale a Dios que lo ayude a ser un conducto de gozo para esta semana.

PARTE 4

EL GOZO

ES UNA DECISIÓN DE MI CONDUCTA

Maneras de escoger el gozo diariamente

Estaba intrigada por los resultados de una encuesta reciente de Healthways, una firma de mejoramiento del bienestar que tiene la colaboración de Gallup para tomar la medida diaria de las actitudes y comportamientos de los estadounidenses. El periódico *USA Today* le pidió a Healthways que determinara a partir de sus datos lo que contribuye al bienestar de la mayor población en Estados Unidos actualmente: mujeres entre cuarenta y cinco y cincuenta y cinco años. El periódico *USA Today* llama a esas mujeres las mujeres más felices de los EE. UU.[1] Según *USA Today*, la mayoría de las mujeres en el círculo más alto de bienestar de Healthways son blancas y viven en California, en comunidades donde se puede caminar, fuera de los grandes centros urbanos. Sus viajes de transporte no duran más de diez minutos, y se ejercitan treinta minutos diariamente (hasta seis veces por semana). Comen muchas frutas y verduras y no son obesas. Tienen un título universitario y un trabajo profesional a tiempo completo. Disfrutan de una buena salud física y emocional y tienen un IMC (índice de masa corporal) menor a 30. Están casadas y nunca se han divorciado, y dieron a luz sus hijos entre los veintisiete y los treinta y seis años. No cuidan de niños pequeños, padres, suegros o cónyuge enfermizos. Estas mujeres afortunadas tienen de cuatro a doce amigas íntimas con las que pueden contar.

Ahí lo tiene. Quizá se haya estado preguntando lo que se requeriría para hacerla feliz, y ahora ya lo sabe.

Mi primer pensamiento fue: ¿Qué significa esto para las millones de mujeres estadounidenses que son menores de cuarenta y cinco o mayores de cincuenta y cinco, que no son blancas, que no viven en California, que pasan una hora o más transportándose, que comen frutas y verduras enlatadas, que cuidan de niños pequeños o de padres ancianos (o ambos) y solamente tienen tres amigas íntimas con las cuales contar? ¿Pueden ser felices?

El hecho es que la mayoría de las mujeres no pueden siquiera comenzar a medirse contra este barómetro artificial de felicidad. Así que en lugar de desanimarse por ello, necesitamos reestructurar la conversación y preguntar: *¿Qué panorama tienen las mujeres que no van a ser coronadas "La mujer más feliz de Estados Unidos" para encontrar una vida significativa, que valga la pena y que sea gozosa?* ¿Cómo pasamos todos los principios, los pasajes de la Escritura y las ideas en las que hemos estado meditando de lo teórico a lo práctico? ¿Cómo hacemos del gozo una decisión de nuestro comportamiento? ¡Esta sección considera maneras en que podemos escoger gozo diariamente, sin importar si comemos comida fresca o enlatada!

9

Vuelva a lo básico

*Mis huesos no te fueron desconocidos cuando en lo
más recóndito era yo formado, cuando en lo
más profundo de la tierra era yo entretejido.
Tus ojos vieron mi cuerpo en gestación: todo estaba
ya escrito en tu libro; todos mis días se estaban
diseñando, aunque no existía uno solo de ellos.*

—Salmos 139:15-16

Podemos abrazar nuestras
heridas y hacerle un altar a
nuestras tristezas o podemos
ofrecérselas a Dios como un
sacrificio de alabanza. La
decisión es nuestra.

RICHARD EXLEY

Sabemos que Jesús era un hombre de gozo y un varón de dolores. Su vida nos da permiso de buscar una vida de gozo para nosotras mismas. También sabemos que el gozo es una convicción de nuestra mente, a medida que la verdad comienza a transformarnos a lo largo del tiempo, así como una actitud de nuestro corazón, a medida que cultivamos reacciones apropiadas para las pruebas.

Ahora es el momento de hacer. ¿Va usted a leer este libro y a pensar: *Sí, buen punto. Algún día quizá lo ponga en práctica?* ¿O va usted a ser una hacedora de la Palabra de Dios, avanzando de lo teórico a lo práctico? Recuerde que el gozo no se trata de sentimientos felices. Es una tranquila seguridad *acerca* de Dios. Una apacible confianza *en* Dios. Y una decisión determinada de darle nuestra alabanza *a* Dios en todo. Significa escoger el gozo de nuevo, y de nuevo, y de nuevo en las subidas y bajadas, en las entradas y salidas de la vida diaria. Y comienza con regresar a lo básico.

Lo más importante: Cuide de usted misma

Como ya lo hemos visto, hablamos mucho acerca de nuestras prioridades y de cómo invertimos nuestro tiempo. Honestamente creo que las palabras *prioridades* y *culpa* pueden ser utilizadas indistintamente para muchas de nosotras. De hecho, uno de nuestros pasatiempos favorito (y uno bastante enfermo) es hacer una lista de las prioridades de nuestra vida—Dios, familia, trabajo, amigas, ministerio, pasatiempos, etcétera—¡y luego torturarnos a nosotras mismas a través de inquietarnos por las maneras en que estamos haciendo las cosas mal en cada área! ¿Por qué nos hacemos esto? Es increíblemente disfuncional y poco saludable, así como completamente inútil.

Uno de los puntos en su lista de prioridades es más importante que los demás, pero estoy dispuesta a apostar que este punto ni siquiera está EN la lista de prioridades de la mayoría de ustedes. Para las de ustedes que fueron criadas en la iglesia, quizá les parezca egoísta y completamente poco bíblico al principio, pero, mis amigas, su primera prioridad debería ser usted. *Usted importa.* Sus pensamientos importan, sus opiniones importan, sus heridas y lesiones importan, sus sueños y metas importan. Usted es importante para Dios. Usted es importante para su familia. Cuando entienda esto, puede enfocarse en quién es usted en Cristo y dónde necesita crecer. Pronto la verdad de que usted es importante se convertirá en un fundamento para el gozo.

Creo que cuidar de usted misma—atender su cuerpo, alma y espíritu—puede ser *la clave* para escoger el gozo diariamente. Para volver a lo básico, comience por simplificar su vida. Disfruto los libros sobre organización del hogar y la administración de nuestra vida, pero eso no es lo que tengo en mente cuando digo que necesita simplificar su vida. Simplificar su vida no se trata de vaciar sus armarios o deshacerse de chatarra; no se trata de eliminar actividades de su calendario para que pueda hacer más. Simplificar significa enfocarse en quién es usted física, emocional y espiritualmente de modo que quién es usted pueda cobrar vida, lista para recibir y dar gozo.

Usted y yo participamos—o sobreparticipamos—en una multitud de actividades. Cuando estamos demasiado involucradas en cosas que quizá no importen dentro de cinco años, no dejamos tiempo para nosotras mismas. No dejamos tiempo para cultivar de nosotras mismas física, emocional y espiritualmente. Y cuando no nos cultivamos a nosotras mismas, el pequeño fuego que quema dentro nuestro, ese celo y pasión que nos levanta en la mañana y nos envía de vuelta al mundo todos los días, comienza a desparecer. Desde ese lugar de frialdad, es extremadamente difícil experimentar gozo. Es extremadamente difícil cultivar gozo en cualquier otra persona porque nuestro propio fuego interno se ha apagado. Nuestra alma se vuelve estéril, árida y seca.

En caso de que no se haya dado cuenta ya, déjeme compartir un secreto con usted: Nadie va a cuidar de usted. No lo digo de una manera cínica. Tampoco lo digo de una manera de culpar al esposo, culpar al novio, culpar a los padres, culpar a los hijos. Solo quiero decir que al final del día, nadie va a hacer por usted las tres cosas que vamos a considerar enseguida. Nadie

> Usted es importante para Dios. Usted es importante para su familia. Cuando entienda esto, puede enfocarse en quién es usted en Cristo y dónde necesita crecer.

puede. Por eso es que vivo bajo este lema: Controle lo que puede ser controlado y deje lo incontrolable a Dios. Tantas variables afectan el aspecto de mi vida a diario; algunas de ellas bajo mi control, pero muchas no. Usted y yo debemos aceptar la responsabilidad de controlar lo que podemos y dejarle el resto a la soberanía de Dios. He escogido controlar los siguientes tres aspectos de mi vida, y así nutrirme.

Aspecto físico

Rick y yo recientemente visitamos al neurocirujano de UCLA que operó a nuestra amada nuera, Jaime, hace varios años. Mientras hablábamos con él en el pasillo, le comentamos acerca del Plan de Daniel, un programa de un año que desarrollamos en nuestra iglesia para ayudar a la gente a comer bien y mantenerse en buena condición física. (Usted puede saber más acerca de esto en www.danielplan.com). El doctor se emocionó mucho y dijo: "¿Sabían que 80% de las personas que están hoy en el hospital es gracias al estilo de vida que han escogido llevar? ¡Si los cristianos comenzaran a responsabilizarse más del estilo de vida que escogen llevar, podríamos mejorar drásticamente la salud de nuestra nación!".

Ochenta por ciento. ¡Eso es impresionante! Los hospitales están llenos de personas como usted y como yo que toman malas decisiones de alimentación o de condición física y terminan con diabetes, cardiopatías, hipertensión y colesterol alto.

Me doy cuenta de que este es un tema delicado, pero que vale la pena ser explorado a fondo. Nuestras decisiones físicas no son un asunto aparte de nuestra vida con Dios. Pablo dice en 1 Corintios 6:19-20:

> ¿Acaso no saben que su cuerpo es templo del Espíritu Santo, quien está en ustedes y al que han recibido de parte de Dios? Ustedes no son sus propios

dueños; fueron comprados por un precio. Por tanto, honren con su cuerpo a Dios.

Usted no tiene otra manera de interactuar con sus semejantes humanos ni de ministrarles la gracia de Dios más que a través de su cuerpo físico. De modo que si nuestro cuerpo se está deshaciendo débil, cansado, sin energía y no estamos operando a la velocidad óptima porque no nos estamos cuidando, vamos a dar menos de lo que Dios puede hacer a través de nosotras.

Me ha tomado tiempo llegar a esta conclusión, pero he descubierto que estoy en control total de lo que entra en mi boca. Nadie me alimenta a fuerza. Nadie me sujeta. Nadie me hace comer algo que yo no quiera. Yo como lo que decido comer. Es solo que mi problema (quizá el de usted también) es un brazo hiperactivo. Mi brazo hiperactivo está constantemente metiéndome cosas a la boca. Pero esa es mi responsabilidad. No puedo culpar a nadie más. No puedo culpar a mis genes. No puedo culpar a ninguna otra cosa que a un brazo que constantemente se mueve para poner comida delante de mí.

Un estudio tras otros muestra que los que son más activos tienen menos enfermedades causadas por su estilo de vida. Incluso el Dr. Mehmet Oz ha dicho que el mejor secreto para llegar a la vejez es hacer todo lo posible por evitar que se vuelva frágil.[1] Treinta minutos al día de algún tipo de actividad es todo lo que se necesita para librarse de esas libras extra y el cada vez mayor desgaste de los huesos y músculos en envejecimiento.

Por supuesto, estoy hablando de manera general; este es un tema amplio con miles de libros, sitios web y otros recursos que abordan a detalle el tema de la salud y la condición física. No tengo la intención de sonar insensible a los problemas de salud que son genéticos, causados por accidentes o que al parecer salen de la nada. Estoy hablando a las que de nosotras podrían decidir—pero que no suelen hacerlo—controlar lo que comen, qué tan activas son, cuánto duermen y qué condición física tienen.

Nuestro cuerpo es algo de lo que podemos aprender a cuidar para que encontremos gozo en cumplir lo que Dios nos ha pedido.

Aspecto emocional

Cada una de nosotras hemos sido heridas por nuestras familias, nuestras amigas, circunstancias en las que nos metimos, así como por cosas más allá de nuestras decisiones personales. Algunas de las heridas nos han dejado quebrantadas, desanimadas y dañadas. Pero para experimentar gozo diariamente necesitamos responsabilizarnos por qué tan fuertes y saludables estamos emocionalmente a pesar de nuestras heridas. Recuerde mi lema: Controle lo que puede ser controlado y déjele lo incontrolable a Dios.

Sé lo que es ser herida. Algunas heridas han sanado lo suficiente para solamente dejar cicatrices, pero otras heridas están tan frescas como el día en que me fueron infligidas. ¿Pero que voy a hacer con eso? Es fácil quejarse. Se requiere valentía para comenzar a cambiar, para encontrar maneras de sanar.

Algunos de nuestros lugares rotos requieren el cuidado y consuelo de gente sabia que pueda guiarnos gentilmente de regreso a la salud emocional. Al principio de nuestro matrimonio, cuando los conflictos, las diferencias y las heridas pasadas amenazaban con destruir nuestra relación, Rick y yo decidimos que necesitábamos consejo profesional para ayudarnos a desarrollar un matrimonio fuerte. No teníamos dinero para pagar la consejería—éramos estudiantes universitarios—pero encontramos una manera. A lo largo de nuestros años juntos, hemos tomado esa decisión en muchas ocasiones y estamos sumamente agradecidos de lo que hemos aprendido de profesionales piadosos que han invertido en nuestra salud emocional.

No evite buscar ayuda para los asuntos que tenga atorados. En Celebrate Recovery, nuestro programa de recuperación de doce pasos, decimos: "Si pudieras arreglarlo tú misma, ya lo hubieras hecho, pero como no puedes, ¡no lo harás!". Quizá necesite consejería profesional, como nosotros, y sí, la consejería profesional cuesta dinero, pero hay muchos que ofrecen sus servicios por un precio ajustado a sus clientes. Muchas iglesias tienen personal que ofrece consejería limitada, y algunas iglesias grandes han entrenado a consejeros que trabajan con las personas sin costo. Miles de iglesias alrededor del mundo ofrecen Celebrate Recovery (www.celebraterecovery.com) y le garantizo que hay un capítulo en una iglesia cerca de su casa. Hay servicios gratuitos de salud mental que se ofrecen a través de agencias estatales y locales, así como numerosos grupos de apoyo en línea para cada problema que se pueda imaginar.

El dolor y el quebranto emocional no resuelto puede hacer que escoger el gozo diariamente sea desafiante. Pero recuerden, queridas hermanas, finalmente debemos escoger activamente hacer lo que podamos para cuidar de nosotras emocionalmente.

En un tono más ligero: ¿Qué hace usted para derramar

vida nuevamente dentro de usted emocionalmente? Para mí, tocar el piano alimenta el interior de mi alma. No soy una pianista excelente, pero cuando toco el piano expreso cosas que no puedo decir con palabras, cosas que no sé ni cómo pronunciar. Tocar el piano se conecta con los sentimientos y las emociones profundamente dentro de mí y me permite crear algo bello que suelta mis emociones.

Todas nosotras necesitamos un canal para la expresión creativa y la libertad. Para usted quizá sea bailar o cantar. Quizá sea cocinar, pintar o atender el jardín. Puede ser bordar, hacer deporte o ejercicio. Su canal creativo no solamente es *algo bueno; es necesario para su salud emocional*.

Las mamás jóvenes probablemente me estén gritando: "Sí, posiblemente en diez años cuando no esté despierta todas las horas de la noche alimentando a un bebé o persiguiendo a un infante de un extremo del apartamento al otro". Te entiendo—realmente—y recuerdo vívidamente esa época agotadora, pero deleitable, de mi vida. Aun y si no pudiera recordarla, veo a mi hija y a mi amada nuera vivirlo cada semana. Este pequeño empujón para alimentar su vida interna tiene el propósito de animar y no de desanimar. No tiene que hacer nada en grande, sino escoja una forma pequeña en la que pueda valorarse a sí misma: tome un baño (a solas), lea un capítulo de un libro excelente, visite una estimulante comunidad en línea, túrnese el cuidado de los niños durante dos horas con una amiga para un tiempo de precioso silencio, pruebe una nueva receta; lo que sea que la refresque. Recuerde dos cosas: Primera: ¡usted importa! Segunda: controle lo que usted pueda controlar. Dios no nos toma cuentas por las cosas más allá de nuestro control.

Para todas nosotras—en cada etapa de la vida de una

mujer—una manera importante de responsabilizarnos de nuestra salud emocional es hacer algo creativo, permitiéndole a nuestro espíritu que sea alimentado al mismo tiempo que derramamos vida de vuelta en él.

Aspecto espiritual

Usted está tan cerca de Dios como usted quiere estar. La Biblia nos asegura que Dios nunca nos va a dejar ni nos va a abandonar. Nunca nos va a desamparar ni a dejarnos solas. Así que si hay una distancia en su caminar con Dios, un sentimiento de enfriamiento, no es porque Dios se haya movido. Dios no ha cambiado de posición. La Biblia es clara: Dios no ha perdido nada de su amor o pasión por usted. En algún momento de su caminar con Él, usted ha permitido que suceda ese distanciamiento. Si usted quiere volver a la intimidad con Dios, recae sobre sus hombros hacer lo necesario para volver a una posición en la que se sienta cerca de Él.

Así, como es más fácil culpar a mis genes por la tendencia a engordar en la parte media de mi cuerpo que estar al tanto de lo que como y decidir ser más activa, es más fácil culpar las heridas que he recibido en mis relaciones por mi inmadurez emocional que intencionalmente buscar consejo sabio y dirección de personas maduras espiritualmente; es mucho más fácil culpar a Dios por la distancia entre nosotros que hacer lo que sé para restaurar la cercanía. La verdad es que la mayoría del tiempo no queremos controlar lo que podemos controlar de nuestra vida porque hacerlo incrementaría dramáticamente el nivel de responsabilidad personal que debemos asumir y, francamente, eso es incómodo.

Nadie determina en la mañana si voy a levantarme y a

pasar tiempo con Dios excepto yo. Nadie determina que tanto oro excepto yo. Rick no hace eso por mí. No puedo pedirle que lo haga. No puedo pedirle que tenga fe por mí.

> Simplificar su vida significa enfocarse en quién es usted física, emocional y espiritualmente. Si quiere escoger el gozo diariamente, ese es el lugar por donde empezar.

No puedo pedirle que se rinda a Dios de mi parte. No le puedo pedir que ponga mi esperanza en Cristo. Yo lo tengo que hacer. Usted lo tiene que hacer.

Si queremos estar cerca de Dios y ver que nuestra relación con Él se desarrolle y madure, necesitamos tomar las riendas de nuestra vida espiritual y tomar esas decisiones de rendición, decirle que sí a Dios, confiando en Él y poniendo su Palabra en práctica. Nadie excepto nosotras puede hacer que eso suceda.

Así que no simplifique su vida para poder hacer más. Simplifique su vida para que pueda enfocarse en lo que importa; y *usted* es lo que importa. Simplificar su vida significa enfocarse en quién es usted física, emocional y espiritualmente. Si quiere escoger el gozo diariamente, ese es el lugar por donde empezar.

Conózcase: Busque una mentora de gozo

Usted y yo estamos en una búsqueda para desarrollar nuevos hábitos; queremos ser mujeres que respondan a la vida con gozo, no con tristeza. Así que necesitamos estar rodeadas de personas que ya lo estén haciendo y que puedan reforzar esos nuevos hábitos en nosotras.

John Ortberg, el autor de *La vida que siempre has querido*, sugiere que encontremos mentores de gozo: personas que estén un poco más avanzadas en el camino del gozo que nosotras. Encuentre a una mujer que parezca ser una persona gozosa y acérquese a ella tanto como pueda. Obsérvela. Hágale preguntas; descubra como llegó al lugar de escoger enfrentar la vida con gozo. No estoy hablando acerca de alguien que simplemente tenga una gran personalidad. Estoy hablando de una mujer que a través de las subidas y bajadas de la vida ha desarrollado una profunda, tranquila seguridad acerca de Dios y su bondad, cree que finalmente todo va a estar bien, y repetidamente demuestra la disposición de alabar a Dios en todas las cosas.

Todas nosotras necesitamos como nuestro ejemplo mentoras de gozo que tengan madurez, pero déjenme contarle acerca de los mentores más dulces de gozo: ¡los niños! Nadie tiene un mejor sentido del humor que los niños pequeños. Nadie. ¡Se ríen de todo! Si usted se pega en la cabeza, se ríen. Si usted hace sonidos graciosos, se ríen. Si hace caras extrañas, se ríen. *¡Otra vez!*, exigen. Y van a rogarle que lo haga una y otra y otra vez hasta que quede exhausta. Y si alguna vez se ríe de alguna cosa que ellos hacen, olvídese de su lista de pendientes porque ellos alegremente, repetidamente llevarán a cabo su acción y esperarán que usted se ría tan fuerte como ellos lo hicieron con usted: cada vez.

¡Los niños pequeños son una fábrica de gozo! Como la mayoría todavía no han experimentado las dolorosas y más duras realidades de este mundo, se ríen aparentemente por ninguna razón; ¡se carcajean! No les avergüenza que se les salga la comida por la boca mientras se ríen. No les importa si se caen de la silla riendo. Se ruedan por el suelo riendo. Incluso algunos de los niños más vulnerables del planeta saben como reírse de algo. Los niños nos dan el modelo más puro de gozo desinhibido y sin vergüenza que usted pueda encontrar.

Probablemente no tenga niños en su vida, o los que tiene no viven cerca de usted. Así que, ¿cómo puede tener acceso a uno de estos pequeños mentores de gozo? Probablemente pueda ofrecerse como voluntaria en el ministerio de niños de la iglesia o en un programa recreativo para niños. Pase tiempo con los hijos de sus vecinos. Sonríale a un niño que esté aprendiendo a caminar que esté haciendo sonidos alegres. Solemos fruncirle el ceño a los niños por hacer ruido, y les exprimimos el gozo. ¡No les extirpe el gozo!

Se va demasiado rápido. Disfrute el gozo que los niños pequeños tienen, porque todavía están conscientes de que fueron hechos para ser gozosos.

Una palabra más acerca de buscar intencionalmente estar cerca de personas gozosas. Nos volvemos como la gente con la que pasamos tiempo, para bien o para mal. Todo padre lo sabe. ¡Por eso es que 1 Corintios 15:33 ("Las malas compañías corrompen las buenas costumbres") fue uno de los versículos que hicimos que nuestros hijos se memorizaran a una edad temprana!

Si usted está cerca de personas agrias, negativas y deprimidas todo el tiempo, usted comenzará a contagiarse de sus actitudes. Simplemente sucede. Los estudios han demostrado que las personas que viven con gente deprimida con el tiempo experimentan los síntomas de la depresión ellas mismas. Por supuesto, la depresión no se contagia de la misma forma que el resfriado. Es un virus emocional que desgasta la resiliencia de la gente que lo padece así como de los que están a su alrededor.

No me mal entienda y piense que estoy diciendo que si está cerca de alguien que está deprimido debe evitarla o evitarlo. Solamente estoy diciendo que usted necesita hacer contrapeso a esas relaciones con personas gozosas de modo que su propio nivel de gozo pueda incrementar.

Conserve el gozo: Evite las trivialidades

No son solo las cosas grandes las que nos roban el gozo, sino cientos de pequeñas molestias, decepciones menores y malos entendidos irritantes que se acumulan a lo largo de un día y que se las arreglan para agriar nuestro humor. Incluso si aprendemos cómo manejar la preocupación, el perfeccionismo, el cinismo, la gracia, el perdón y la empatía, todavía hay maneras incontables de que el gozo desaparezca si no estamos vigilando nuestras reacciones conductuales; nuestras decisiones.

Por ejemplo, mi escritorio en el trabajo está frente a una ventana de piso a techo que ve hacia el estacionamiento del pequeño complejo de oficinas donde tengo mi oficina. Cada edificio tiene cierto número de espacios de estacionamiento asignados con base en los metros cuadrados del edificio. El edificio contiguo al mío alberga un consultorio médico muy ocupado, y a los empleados evidentemente se les ha instruido que *no* se estacionen cerca de su edificio para que los pacientes se puedan estacionar más cerca de la entrada. Pero en lugar de estacionarse a la vuelta de la esquina, donde hay más espacios de estacionamiento, sus empleados se estacionan en los espacios frente a *mi* edificio. Y como mi ventana está a solo unos metros del estacionamiento, yo he sido testigo de cómo se estacionan en *nuestros* espacios, incluyendo los que están directamente frente a mi puerta; todos los días durante años. Realmente no me había molestado hasta que un día en que estaba subiéndome al coche, una de sus empleadas comenzó a quejarse conmigo de que de vez en cuando las personas que asistía a alguna reunión en mi oficina se estacionaban ¡en SUS lugares de estacionamiento! Siendo consciente de mi papel como representante de Jesucristo, me mordí la lengua y con toda amabilidad le dije: "Me disculpo por el inconveniente; les voy a recordar que se vengan todos en un solo coche si les es posible".

Por fuera estaba calmada, amable y serena. Pero por dentro era una masa hirviente de enojo y amargura, y yo realmente quería apilar comentarios sarcásticos sobre esta mujer por sus quejas injustas. Tuve que morderme la lengua realmente duro para evitar decirle: "Ah, ya entiendo. Esta bien que sus empleados se estacionen en MIS espacios cada día de la semana, ¿pero se le disloca la nariz cuando de vez en cuando alguien que viene a mi oficina se estaciona en SUS lugares? ¿No es eso ser un poquitito hipócrita?".

Desde ese momento, comencé a estar maniáticamente al tanto de la injusticia de la situación del estacionamiento que se desarrollaba cada día *¡justo frente a nuestros ojos!* Ver que los empleados de la oficina de junto se estacionaban en mis espacios comenzó a afectarme y a hacer que incrementara mi presión sanguínea. Lo que yo no solía siquiera notar llegó a ser lo único que podía ver. Cada mañana refunfuñaba y me enojaba y murmuraba para mí misma, y ocasionalmente hacía que mis empleados compartieran mi miseria mientras veíamos su conducta flagrantemente irrespetuosa e injusta.

Me avergüenza reconocer cuanto tiempo y energía emocional le dediqué a este pequeño problema hasta que finalmente me di a mí misma un buen regaño. Me recordé que, en el panorama general de la vida, si la gente ejercía una adecuada etiqueta para estacionarse o no simplemente no era tan importante y que para nada valía la pena la frustración, enojo, amargura y pérdida de gozo que me estaba permitiendo experimentar. Como no los podía controlar a ELLOS, tenía que controlarme a MÍ.

Todavía no puedo generar sentimientos felices hacia mis vecinos de trabajo, así que mi estrategia de conservación de gozo es simple: ¡Cierro las persianas! De esa manera no me distrae la situación que amenaza con robarme el gozo que tanto necesito.

Sé que suena estúpidamente infantil e inmaduro; y lo es. Y algunas de ustedes están disgustadas o decepcionadas por mi incapacidad de manejar una "trivialidad" de una manera más madura. Este es exactamente el tipo de incidente que los entendidos tienen en mente cuando nos dicen: "No se preocupe por cosas sin importancia".

Pero le apuesto que si usted fuera completamente honesta, tendría que admitir que usted también tiene molestias por "detalles" que le roban el gozo una y otra vez. Terminamos juzgándonos por otros detalles porque lo que me prende quizá no le afecte a usted, y lo que la vuelve loca a usted a mí no me molesta en lo absoluto. Pero todas tenemos nuestros botones rojos—los ladrones de gozo—que hacen que nos enfoquemos en las cosas sin importancia y que erosionan nuestro sentido de gozo.

¿Estaría dispuesta a echar una mirada interna en este momento a su propia vida diaria y ver si hay algunos molestos ladrones de gozo merodeando? Una vez que haya identificado las pequeñas maneras en que el gozo se evapora en su vida la GRAN pregunta es: ¿qué está dispuesta a hacer? Como le he dicho a lo largo del libro, finalmente si experimenta gozo o no depende de usted. Se reduce a lo que usted decide HACER en cada situación.

El regalo de la decisión

¡Qué regalo nos da Dios cuando nos da la oportunidad de escoger el gozo cada día! Paul Tournier, un reconocido psiquiatra suizo, dijo: "Posiblemente el regalo más poderoso y menos usado que Dios nos ha dado es la decisión".[2] Las palabras claves en esta cita son: *menos usado*. Muchas niegan que tienen opciones en la vida, prefieren en lugar de ello aceptar y disfrutar la miseria. Nos ofendemos si alguien nos sugiera tal idea, pero una mirada fría y dura en el espejo revela la verdad. ¿No está lista para *usar* este regalo con el fin de decidir apropiarse de su herencia de gozo? Yo sí.

ORACIÓN

Padre, reconozco que depende de mí escoger el gozo en mi vida, para abrazar el derecho innato que me has dado. Te pido sabiduría para saber qué puedo controlar y qué no. Ayúdame a cuidar de mí misma física, emocional y espiritualmente. También te pido ojos nuevos para ver todo lo que estás haciendo en mi vida. Quiero estar alerta. Quiero estar agradecida. Y te pido que mi disfrute de la vida sea parte de mi disfrute de ti. Que pueda ver nuevas maneras de alabarte todos los días. En el nombre de Jesús, amén.

Para reflexionar y aplicar

1. Haga una lista de tres cosas que usted puede controlar en su vida y comprométase a controlarlas. Siguiente, haga una lista de tres cosas que no puede controlar; y "entréguele" esa lista a Dios.

2. Piense en las personas que usted conoce que ven el aspecto gracioso de la vida. ¡Planifique estar con ellos esta semana!

10

Amar y reír juntos

> *Yo les daré consuelo: convertiré su llanto en alegría,*
> *y les daré una alegría mayor que su dolor.*
>
> —Jeremías 31:13 (DHH)

No vacile en amar y
amar profundamente. A
medida que usted ame
profundamente la tierra de
su corazón será quebrada más
y más, pero se va a regocijar
en la abundancia del fruto
que llevará.

HENRI NOUWEN

Uno de mis pasatiempos favoritos que me hacen sentir culpable es esperar en la fila de la tienda de abarrotes y leer todos los encabezados ridículos e indignantes de las revistas y periódicos. ¡Bebé con tres cabezas nace de madre londinense!, grita uno. ¡El gobierno mantiene alienígenas en ubicación secreta en su ciudad!, dice otro. Pero a la par de las historias ficticias, hay otras historias que nos dicen que las relaciones son la clave para la felicidad. Me gustaría cambiar la redacción de esa idea: Las relaciones son una de las mejores oportunidades que tenemos para dar y recibir gozo. No podemos depender de ellas para nuestra felicidad. Pero podemos escoger encontrar risa, afecto, placer y esperanza en ellas. Algunas veces lo único que se necesita son cambios pequeños en las relaciones para desarrollar un fundamento perdurable de gozo.

Los buenos obsequios de Dios: Redescubra el placer

Las estadounidenses somos conocidas por nuestra exuberante búsqueda de salud, riqueza y felicidad y por un alto énfasis en el placer, pero no siempre fue así.

Hace varios cientos de años, los puritanos lucharon contra los excesos, la corrupción y la influencia política que se había comenzado a infiltrar en la iglesia de Inglaterra.

Después de un estira y afloja, finalmente perdieron poder en Inglaterra.

Algunos emigraron a América y colonizaron porciones de la costa este; los conocemos como los peregrinos.

Junto con su pesado énfasis sobre el trabajo duro, la honestidad y la libertad religiosa, los peregrinos también enseñaban una rigurosa autodisciplina y una adhesión estricta a la moral bíblica. En sus esfuerzos por mantener la pureza moral, erigieron "cercas" que pusieron distancia entre ellos y cualquier cosa que los pudiera tentar a pecar. El placer, la felicidad, el disfrute, la risa e incluso sonreír eran vistos con sospecha. El placer podría llevar al exceso, y el exceso podría llevar al pecado y el pecado podría llevar a la ruina y a la destrucción.

Y por lo tanto comenzó un periodo en la historia de hipervigilancia en el que los cristianos evitaban cualquier cosa que incluso remotamente pudiera sonar a placer. Esto ha tenido un efecto poderoso en la manera en que los cristianos ven el cuerpo y los sentidos en particular.

Aunque es verdad que el placer fuera de control puede llevar a heridas destructivas, hábitos y obsesiones, no hay razón para temerlo automáticamente o evitarlo. El placer, de hecho, proviene de Dios.

Se nos dice en 1 Timoteo 6:17 que pongamos nuestra esperanza en Dios, "que nos provee de todo en abundancia para que lo disfrutemos". El disfrute y el placer son sinónimos. Este versículo también podría decir que Dios "nos provee de todo en abundancia para nuestro placer".

Hay por lo menos cuatro enfoques filosóficos para nuestros sentidos: (1) Negarlos; esto se enseña en algunas formas de budismo. (2) Suprimirlos; esto es ascetismo. (3)

Entregarnos a ellos; esto es hedonismo. (4) Disfrutarlos; este es el enfoque bíblico.

Dios le ha dado cinco sentidos. Él no le dio la visión solo para evitar que tropezara con las cosas. No le dio el sentido del olfato solamente para que pudiera evitar aromas tóxicos provenientes de su nevera. No le dio el tacto únicamente para que evite quemarse con las palomitas del microondas. No nos dio nuestros sentidos solo para que pudiéramos evitar el dolor, sino para que pudiéramos tener placer.

Nuestros sentidos alivian el dolor en un mundo quebrantado y de hecho abren la puerta al gozo.

Hace algunos años, recibí un certificado de regalo para un masaje en un spa local que acababa de abrir en un centro comercial. ¡Estaba muy emocionada porque no tenía idea de qué esperar! Mientras esperaba a que me dieran el masaje, había nueces y frutas secas como piscolabis. Había pepino en un dispensador con agua helada, y el delicado sabor intrigó mi paladar. Cuando la masajista me llevó al cuarto de masaje, las luces eran tenues y las velas brillaban incitantemente. Las sábanas de la cama eran deliciosamente suaves para mi piel y sus fuertes manos hacían penetrar el aceite, fragante con eucalipto y lavanda, en mis anudados músculos de la espalda. En el fondo había música suave y melódica, añadiéndole a la experiencia de relajación. La vista, el oído, el tacto, el gusto y el olfato estaban enfrascados en ello. ¡Durante sesenta minutos, el mundo exterior dejó de existir para mí! En lo único en lo que me enfoqué fue en el descanso, el alivio y el placer que provenían de disfrutar mis sentidos.

No siempre tenemos el lujo de un masaje en un spa, pero Dios nos invita a disfrutar cada día.

Camine alrededor de su vecindario un día de la semana, no por ejercicio, sino por placer. Póngase en el sol unos momentos; cierre los ojos y deje que el calor penetre su piel.

> Nuestros sentidos alivian el dolor en un mundo quebrantado y de hecho abren la puerta al gozo.

Quítese los zapatos en un parque cercano y permita que el césped le haga cosquillas en los dedos de los pies.

Tome un bocado de algo rico y saboréelo en su boca antes de tragárselo. Trate de descubrir qué lo hace tan sabroso y delicioso; saboreé la textura, el sabor el aroma.

Camine afuera hoy por la noche antes de ir a la cama y solamente mire la noche, escúchela y siéntala. Mire la majestad del cielo nocturno, deje que la brisa toque su rostro, permita que sus oídos escuchen los sonidos de la noche.

Cuando vaya a la cama, sienta las sábanas. Pase sus dedos por la suavidad de la sábana, huela el aroma del detergente que perfuma la ropa de su cama. Acurrúquese profundo en su almohada y sienta realmente el placer que viene de su forma reconfortante.

Los buenos sentimientos que vienen cuando redescubrimos el placer suenan suspicazmente más a felicidad que a gozo. Es verdad que el placer es temporal, pero la decisión deliberada de poner nuestros pensamientos en el Dador de todas las buenas dádivas hace que la felicidad se ponga los zapatos del gozo.

Beso, beso, mejilla, mejilla: Exprese afecto extravagantemente

Cuando mis hijos eran chicos, traté de hacerme el hábito de levantarme de lo que estuviera haciendo y establecer contacto físico con ellos tan pronto entraran por la puerta. Podría ser un abrazo o un beso para mi hija, Amy, o simplemente un toque en el hombro para mis muchachos, Josh y Matthew, cuando crecieron y ya no les gustaban tanto los abrazos de oso de Mamá. Cualquier cosa que estableciera contacto físico era una manera de decir: "Te amo". No podemos subestimar la importancia del afecto físico en nuestras relaciones.

Se nos dice en 1 Corintios 13:13: "Tres cosas durarán para siempre: la fe, la esperanza y el amor; y la mayor de las tres es el amor" (NTV). ¿Es usted una persona que ama sin reservas con su toque? La mayoría de nosotras dosificamos a cuenta gotas nuestro amor dependiendo qué tan bien nos ama realmente la persona que supuestamente nos ama. Si nos está amando bien, estamos más dispuestas a mostrarle amor sin reservas. Si no nos ha amado bien, nos volvemos tacañas con nuestro amor y por lo tanto con nuestro afecto físico. Lo damos cuidadosamente como si tuviéramos poco y necesitáramos acumularlo.

Usted y yo fuimos hechas para conectarnos, para apegarnos emocionalmente a los demás. Es un hecho bien sabido que el toque físico es *crucial* para nosotras como seres humanos, no solamente por salud emocional sino por nuestra misma supervivencia. Los estudios muestran como los ancianos mueren antes si no tienen toque físico.

Es más probable que a los bebés se les diagnostique "déficit de crecimiento" si no son tocados.

Una de las cosas más conmovedoras de las que he sido testigo como defensora de huérfanos y niños en riesgo es la manera en que la falta de toque físico los afecta.

Creo firmemente que los huérfanos deben ser adoptados en familias permanentes, de modo que mis esfuerzos siempre están enfocados en cómo sacar a los niños de los orfanatos. En mi trabajo, he visitado muchos orfanatos para aprender acerca de estos preciosos pequeñitos.

Una visita en particular la recuerdo mucho. En Kigali, Ruanda, en el Hogar de la Madre Teresa para Bebés Abandonados había probablemente cuarenta cunas acomodadas de un extremo a otro, fila tras fila. Algunos bebés e infantes estiraban los brazos hambrientos a cualquier par de brazos disponibles para abrazarlos, llorando miserablemente cuando eran levantados y luego vueltos a acostar. Sus pequeñas manos se aferraban a las nuestras, insistiendo en ser levantado de nuevo. Otros bebés estaban acostados silenciosamente en su cuna con el rostro hacia la pared, dolorosamente conscientes de que no había brazos *solo para ellos*.

Sin la estimulación táctil de padres que los cuiden, no saben que son valiosos y dignos de amor. Su desarrollo intelectual se trunca así como su desarrollo emocional por la falta de afecto físico, y muchos nunca se recuperan de esta pérdida.

Probablemente usted no sea una huérfana, pero quizá fue criada por padres que no expresaban su afecto con facilidad o de manera abundante. Usted, más que la mayoría, sabe lo doloroso que es no tener conexión física o emocional, no ser tocada, abrazada, tomada en brazos, no sabe que alguien quiera apretarla con el abrazo de oso más fuerte que le puedan dar. O quizá usted fue tocada de manera inapropiada y está sumamente consciente del daño que le causó y cómo dejó un anhelo en su alma por ser tocada de manera apropiada.

Mis hermanas, no permitan que el ciclo de desconexión o abuso continúe. No permita que la disfunción o quebranto de sus padres afecten las generaciones por venir de su familia. ¡Sea usted la que rompa el ciclo! No puede borrar el daño que han causado las generaciones previas, pero puede crear un nuevo patrón para usted misma, sus hijos, sus nietos y los que vengan. Aun y cuando sea difícil para usted (y lo será), trabaje en esto para que su corazón y su mente y sus manos puedan amar sin reservas.

John Lubbock dice: "No tema mostrar su afecto. Sea cálida y tierna, considerada y afectuosa. Los hombres son mejor asistidos por la compasión, que por el servicio; el amor es más que dinero, y una palabra amable dará más placer que un obsequio".[1]

Si usted vive sola, quizá necesite encontrar maneras creativas para expresar amor sin reservas. Aunque sus compañeras de trabajo quizá la vean con desconfianza si de pronto comienza a repartir abrazos, casi siempre es apropiado dar un apretón de manos o tocarles ligeramente el hombro o el codo. Ciertamente hay mujeres en su iglesia que podrían ser receptivas a un abrazo. Si no, ¡cámbiese de iglesia!

Los que aman profusamente, sin reservas, encuentran su alma inundada de gozo.

Ría y el mundo reirá con usted: Vea el humor

Usted sabe que yo soy una Ígor: seria, intensa y tendiente a la depresión. Yo sonrío y dejo salir unas risas con los amigos y la familia, pero no puedo reír a carcajadas con facilidad; algo tiene que ser *realmente* gracioso para hacerme reír a mandíbula batiente. Mi pobre familia se ha hecho cruces para tratar de encontrar un programa de TV o una película que yo considere graciosa; ¡recientemente me enteré de que lanzan una moneda al aire para ver quien va a ser el chivo expiatorio y escoger la película! Ligera exageración, pero no por mucho.

Esa es una de las razones por las que Rick es tan bueno para mí. Como un Tigger con esteroides ha traído mucha risa a mi vida. ¡Me hace enojar más que nadie, pero también me hace reír más que nadie! Las Ígor necesitan personas que puedan infiltrarse más allá de su serio exterior y tocar su hueso gracioso. Para incrementar nuestro disfrute de la vida, para vivir en ese mayor gozo, todas nosotras—no solo las Ígor—debemos aprender a reír más.

¿Ya te has dado cuenta de que la vida es absurda? ¡Si no fuera absurda, los programas con videos graciosos no estarían al aire noche tras noche para poder vernos hacer el ridículo!

Algunas personas han decidido que como la vida es absurda y hay dolor en la vida, Dios no debe existir. Yo digo que *como* la vida es absurda y hay dolor en la vida, necesito a Dios más que nunca. Si no tuviera a Dios en mi vida, no podría sobrevivir. Sí, la vida es absurda. Sí, hay dolor. Pero corremos *hacia* Dios en nuestro dolor, no en *sentido contrario*.

El otro día escuché esto: "¡Si algo va a ser gracioso después, es gracioso ahora, así que adelante ríete!". ¡Qué excelente perspectiva! Proverbios 15:15 dice: "Para el afligido todos los días son malos; para el que es feliz siempre es día de fiesta". Comience a buscar el humor en su vida; aun y cuando sea absurda.

A una amiga mía le encanta contar su momento más vergonzoso cuando estaba saliendo con un muchacho. Había conocido a un joven estupendo, y después de haber tenido varias citas, él la invitó a esquiar con él y con sus hermanos, a los que nunca había conocido.

> **Como** la vida es absurda y hay dolor en la vida, necesito a Dios más que nunca

Después de su turno de esquiar, estaba tratando de subir con toda gracia de regreso al bote en su lindo y pequeño bikini. Pero al subirse, la parte de debajo de su bikini se atoró en un gancho. Al entrar al bote, ella y la parte de debajo de su bikini quedaron separados entre sí. La parte baja de su bikini quedó flotando en el lago, mientras ella estaba expuesta en toda su gloria delante de su nuevo novio y sus hermanos.

¡Si esto me hubiera pasado a mí, hubiera saltado de vuelta al agua para ahogarme! ¿Mi amiga? ¡Se casó con el tipo! Ella dice: "¡Me imaginé que él ya lo había visto todo, así que bien podría igual casarme con él!".

Cuando mi abuela envejeció perdió tono muscular en cierta parte de su anatomía, y tenía un poco de problemas con ventosear. Al caminar, hacía un sonido como pup-pup-pup. Me habría sentido totalmente humillada si me hubiera pasado a mí, pero ella decidió ver el lado gracioso de la situación. La recuerdo diciendo: "¡Tengo ochenta años, así que si quiero hacer ruidito al caminar, lo haré! ¡Aquí voy: Pup-pup-pup!".

Pasar por el cáncer de mama no fue divertido. La quimio que estaba tomando garantizaba que iba a perder todo el cabello. Cuando comencé a perderlo, no quería el trauma de verlo caer en puñados, así que decidir asestar un golpe preventivo y rasurarme la cabeza y comenzar a usar una peluca.

Aunque había leído mucho y había hablado con mi doctor, simplemente no estaba preparada para lo dolorosa que sería esa experiencia. Todavía me conmuevo cuando hablo de ella porque nunca me he sentido más vulnerable o desnuda en toda mi vida. Lloré mucho al principio por ello. Pero después que usé la peluca durante casi un año, se volvió menos traumático. Aprendí a cómo reírme de ello.

Recuerdo claramente un incidente poco después de que terminé la quimio, pero cuando todavía estaba usando la peluca. Había vuelto a la iglesia, y le estaba enseñando a uno de nuestros grupos de estudio bíblico para mujeres. Era mi cumpleaños, así que las mujeres me habían hecho llover tarjetas y obsequios. También estaba cargando mis libros y mi Biblia, así que mis brazos estaban llenos.

Mi amiga Elizabeth y yo íbamos caminando hacia el coche, y el viento estaba soplando bastante fuerte. (¿Pueden ver hacia dónde va esto?). Mientras caminábamos con nuestros brazos cargados, sentí que el viento levantó la parte trasera de mi peluca. Antes de que me diera cuenta, mi peluca voló de mi cabeza y rodó por el estacionamiento como una ardilla buscando la orilla.

Elizabeth y yo comenzamos a gritar de risa. Las dos

fuimos a perseguirla, pero como nuestros brazos estaban llenos, la única manera en que podía detener esta peluca rodante era saltar sobre ella. Al levantarla, nos doblamos de la risa. ¿Dónde está la cámara escondida cuando la necesitas?

Más o menos en ese momento vi una gran todoterreno venir lentamente hacia nosotras. Una amiga mía venía conduciendo, ¡y tenía los ojos bien abiertos!

—¿Viste lo que pasó?—le pregunté todavía riendo.

—¡Sí! Pero no sabía si ayudarlas o pasar y hacer como si no hubiera visto nada.

—Bueno, ¡podrías haberme ayudado a perseguir mi peluca!, le dije.

Unos meses después, todavía estaba usando la peluca, cuando me pidieron que fuera a hablar a un evento de fin de semana para mujeres en la iglesia. Estaba tratando de explicarle a las mujeres presentes que necesitaban ser vulnerables. Que Dios les iba a hablar en los días siguientes, y que para que pudieran recibir lo que Él les estaba diciendo, necesitaban bajar la guardia y ser vulnerables delante de Él.

Les dije acerca del tiempo en el que se me había volado la peluca en el estacionamiento y lo vulnerable que me había sentido. No planeaba hacer esto, pero cuando llegué al punto de la historia en el que el viento hizo volar mi peluca, impulsivamente tomé la peluca y la lancé hacia el público. Ellas gritaron. ¡*Aaaaah*! Como si les hubiera lanzado una serpiente o algo así. Finalmente, una dama en la primera fila la levantó valientemente y la dejó como una papa caliente en la orilla de la plataforma.

Yo ya había llorado todo lo que podía. Era tiempo de reír.

La risa y las lágrimas provienen del mismo pozo

profundo del alma. Por eso es que algunas veces nos reímos hasta las lágrimas y algunas veces lloramos hasta reír. Si

La risa y las lágrimas provienen del mismo pozo profundo del alma.

usted puede reír, pero no puede llorar, necesita buscar ayuda. Si usted puede llorar, pero no puede reír, necesita buscar ayuda. Y si usted no puede hacer ninguna de las dos, definitivamente necesita hablar con una buena amiga o consejera.

Dios tiene el propósito de que usted pueda llorar libremente y reír ruidosamente, como Jesús. Cuando usted puede reconocer tanto el dolor como el humor a su alrededor, usted puede tomar un paso más hacia conocer el verdadero gozo.

El momento es ahora: Aligere la carga de alguien

Es sorprendente lo mucho que el gozo puede crecer en su corazón cuando usted escoge ser quien lleve la carga por alguien más. Gálatas 6:10 dice: "Por lo tanto, siempre que tengamos la oportunidad, hagamos bien a todos, y en especial a los de la familia de la fe". En Hebreos 13:16 leemos: "No se olviden de hacer el bien y de compartir con otros lo que tienen, porque ésos son los sacrificios que agradan a Dios".

La mayor parte del tiempo vamos haciendo nuestros asuntos con una actitud ligeramente negativa; como si una mano imaginaria estuviera puesta delante de nosotras sirviendo de escudo protector evitando que los demás nos molesten demasiado, se entrometan en nuestro camino o interrumpan nuestro programa para el día. Nos imaginamos que si mantenemos la cabeza agachada y la mirada baja, no tendremos que hacer contacto vidual con nadie que pueda echar a perder nuestros planes.

Por supuesto, todas tenemos días que están rebosando de actividades, con fechas de entrega por cumplirse y crisis inesperadas, que hacen que aligerar la carga de otra persona sea impráctico y completamente inconveniente por decir lo peor. Pero esta actitud podría provenir de un estilo de vida en el que empezamos a sentir que todos existen para servirnos, satisfacer nuestras necesidades, ayudarnos a realizar nuestros proyectos, hacer nuestra vida más fácil: desde meseros a tenderos a cajeros de banco. Y si hacen las cosas más lento de lo que necesitamos, tiran algo o cometen un error, es probable que perdamos la paciencia. "¡Se supone que me deben servir!".

¡No sé usted, pero yo puedo desarrollar una visión de túnel en un instante! Puedo estar tan enfocada en mis propias cosas que no puedo ver lo que está pasando en la vida de los demás.

Aprendí esto acerca de mí misma de una manera difícil hace unos años. Unos nuevos vecinos—recién casados—se mudaron a la casa de junto. La esposa era vivaz y divertida y cálida, y yo la invité algunas veces para pasar el rato. Cuando nos sentábamos en mi cocina y conversábamos y veíamos a mis hijos jugar, podía sentir que había un pozo de tristeza dentro de ella, pero no sabía qué era. Podía ver el dolor en sus ojos cuando veía a mis hijos a pesar de que parecía interesarse verdaderamente en ellos.

No pasó mucho tiempo antes de decirme que su matrimonio estaba en problemas, y que probablemente iba a divorciarse. Ella estaba destrozada por esto, y por supuesto yo estaba triste por ella. La invité a la iglesia, y creo que vino una o dos veces. Le dije que Rick tenía algunas conferencias sobre matrimonio, y que se las haría llegar, pero mi vida era ocupada—estaba criando niños y estaba bastante activa en el ministerio—y en ese momento padecía de visión de túnel. Estaba enfocada en mi propia familia y en mi propia vida. Después de unas semanas, recordé mi promesa y le llevé las conferencias de Rick sobre el matrimonio.

Un día yo estaba en la recamará de mi hijo más chico, y podía escuchar a mi vecina llorando en su recámara, que estaba pegada a nuestra casa. Mi corazón se dolió por ella. Pensé: *Tengo que ir a hablar con ella esta semana. Simplemente lo tengo que hacer. Obviamente tiene mucho dolor.* Pero yo estaba realmente ocupada.

Entonces un sábado estaba limpiando la casa y haciendo todas las tareas sabatinas. Había estado corriendo entre la casa y el estacionamiento, ida y vuelta, y otra vez, toda la mañana. De alguna manera esa mañana, con todos los viajes de ida y vuelta a mi estacionamiento no había visto que había dejado un sobre en mi pórtico. Cuando lo abrí, vi las conferencias que le había dado junto con una nota suicida. Decía: "Cuando leas esto, voy a estar muerta. No puedo pasar por otro divorcio. Por favor, entiérrame en mi vestido de novia. Gracias por ser mi amiga".

Hice lo que usted habría hecho. Me sobresalté. Corrí a su casa. No podía llegar a su puerta principal por la gran reja a la entrada de la casa, así que llamé como loca a la puerta de su estacionamiento. Le puse un mensaje con cinta adhesiva en la puerta de su estacionamiento. Dejé mensajes en su teléfono rogándole con lágrimas que resistiera; que no se hiciera daño. Le dije que me interesaba y le prometí ayudarla, estar allí para ella; cualquier cosa...solo "por favor no hagas nada".

Recordé el teléfono celular de su esposo, y lo llamé.

—¿Sabes lo que está pasando?—le pregunté.

—Ella hace este tipo de cosas todo el tiempo. No es nada—dijo.

Le dije: "Yo no sé lo que haya hecho en el pasado, pero creo que esto es en serio. Esto es real. Te ruego que trates de buscarla". Pero me mandó a volar.

Una hora después, su esposo me llamó histérico porque ella se había disparado delante de él y ahora estaba conectada a un respirador artificial en el hospital. Aunque estaba horrorizada por la tragedia que estaba desarrollándose, le pregunté si la podía visitar y me dijo que sí.

Mientras estaba sosteniendo su mano y orando por ella y llorando, sabiendo que la desconectarían pronto, oré: Dios, por favor, perdóname por haber estado tan consumida por las necesidades de mi propia familia que no pude ver que esta preciosa mujer estaba desesperadamente en el precipicio. No lo voy a olvidar. No. No voy a azotarme la espalda por ello, pero no lo voy a olvidar. Lo utilizaré el resto de mi vida para recordarme que no debo esperar a tener más tiempo para ser una dadora.

Por favor entienda; no sé si algo de lo que hubiera dicho podría haber marcado una diferencia en cómo terminó mi vecina. La verdad es que cuando la gente finalmente decide terminar con su vida, muchas veces lo hace. La responsabilidad que he asumido, y que no he olvidado después de más de veinte años es esta: Si quiero llegar a ser una dadora, lo tengo que hacer ahora.

La gente de su vida está allí hoy por una razón. Quizá

sienta que no tiene nada que dar, que usted misma tiene el tanque vacío, pero Dios le dará lo que necesita para darles.

En la época del apóstol Pablo, la iglesia de Macedonia estaba en la más vil pobreza. Eran los más pobres de lo pobres. Pero escucharon de una necesidad en la iglesia de Jerusalén, y levantaron una ofrenda. Pablo dice que dieron su pequeña ofrenda con sobreabundante gozo. No permitieron que el hecho de que no tenían nada los detuviera de ser dadores: "En medio de las pruebas más difíciles, su desbordante alegría y su extrema pobreza abundaron en rica generosidad. Soy testigo de que dieron espontáneamente tanto como podían, y aún más de lo que podían, rogándonos con insistencia que les concediéramos el privilegio de tomar parte en esta ayuda para los santos" (2 Corintios 8:2-4).

Quizá se encuentre en la más vil pobreza financieramente. Dé una lata de sopa a las despensas de beneficencia. Quizá se encuentre en la más vil pobreza emocionalmente, pero todavía puede abrazar a alguien. Probablemente se encuentre en la más vil pobreza espiritualmente. Susurre una palabra de aliento a alguien. No se espere a tener dinero, tener más energía o tenerlo todo resuelto para convertirse en una dadora. Encuentre el deleite en servir.

Celebre diariamente

Usted y yo hemos sido bendecidas con cinco sentidos para incrementar nuestro disfrute y placer en lo que algunas veces puede ser una vida bastante dura. Podemos usar nuestros sentidos para hacer que la vida sea más disfrutable para nosotras y los que están más cerca de nosotras a través de amar sin reservas, reírnos de las cosas absurdas de la vida y estar alerta a maneras para compartir la carga de una amiga. Encuentre una razón para celebrar *algo* bueno diariamente, incluso en los días en que sería más fácil cubrirse con la frazada y esconderse de sus problemas. Henri Nouwen dice: "La celebración […] es la incesante afirmación de que debajo de todos los sube y baja de la vida fluye una corriente sólida de gozo".[2] Así que viva, ame y ría hoy en una celebración gozosa de gusto, tacto, vista, olfato y oído.

ORACIÓN

Padre, Tú me has dado muchos regalos; la libertad de amar a otros con toques y palabras, la habilidad de sentir emoción y la gente a mi alrededor que está llena de gozo. Ayúdame a ver mis relaciones y mis circunstancias como tú. ¡Quiero amar y reír y vivir sin reservas! En el nombre de Jesús, quien lloró y también rió, amén.

Para reflexionar y aplicar

1. Considere los pasos de acción de la página 212 y escoja una manera de disfrutar la vida a través de sus sentidos.

2. Piense en su rutina diaria con los miembros de su familia mientras van y vienen de casa. ¿Qué es lo que puede hacer para añadirle un momento de conexión física a esos momentos?

11

Vea gozo en
todas las cosas

El Señor es mi fuerza y mi escudo; mi corazón en él
confía; de él recibo ayuda.
Mi corazón salta de alegría, y con cánticos le daré
gracias.

—SALMOS 28:7

Para el corazón que
encuentra gozo en las cosas
pequeñas, en todas las
cosas, cada día es un regalo
maravilloso.

Anónimo

Un rasgo de una persona gozosa es la capacidad de ver más allá de sí misma y sus circunstancias, dándose cuenta de que lo eterno es más importante que lo temporal y tomar decisiones que reflejen esperanza por el futuro. Pero paradójicamente, enfocarse en la eternidad también significa reconocer el poder de este momento. Este es el momento de escoger ser gozosa. Este es el tiempo de amar. Y este es el tiempo de ser agradecidas por la bondad que Dios ha puesto en el momento frente a nosotras.

Ojos bien abiertos: Practique la gratitud

Cuando mis hijos estaban en la escuela de enseñanza media-superior, participaron en un viaje de misiones a México con nuestra iglesia. Al regreso de cada viaje, había una reunión en la que los estudiantes compartían con sus familiares y amigos las experiencias y las lecciones del viaje. Esperé con cada vez mayor expectación, sabiendo que escucharía historias de cambio de vida.

Siempre era lo mismo. Un estudiante tras otro pasaron y contaron—con muchas lágrimas—cómo se acercaron más a Dios y a sus compañeros de viaje. La mayoría de ellos hablaban acerca de lo agradecidos que estaban por las bendiciones materiales que Dios les había dado. Muchos de estos estudiantes nunca habían viajado fuera de los EE. UU. antes, y no estaban preparados para la vida en la manera en que la mayoría del mundo la experimenta diariamente. Tartamudeaban y cometían errores mientras trataban de articular lo impactados que estaban de atestiguar el grado de la terrible pobreza, la falta de provisión de las necesidades básicas y la dificultad de la vida para el ciudadano mexicano promedio. Una y otra vez, las palabras que salían de sus labios eran: "Estoy tan agradecido".

Hago eco de sus sentimientos. Habiendo viajado a veintiún países en la década pasada, he tenido muchas oportunidades de ver la devastación que la pobreza, la enfermedad y el liderazgo corrupto han acumulado sobre nuestros semejantes seres humanos. Mi corazón se ha partido en un millón de pedazos por el sufrimiento.

> Los que están llenos de gozo le agradecerán a Dios. El gozo y la gratitud siempre van juntas.

Estar fuera de mi zona de comodidad me ha llevado a decir las mismas palabras que dijeron los estudiantes de la escuela de enseñanza media-superior: "Estoy tan agradecida".

Pero no tiene que viajar al extranjero para desarrollar un corazón agradecido. Comienza con decidir abrir sus ojos para ver la bondad de Dios hoy, justo aquí, en este momento.

Colosenses 4:2 dice: "Dedíquense a la oración: perseveren en ella con agradecimiento". El gozo está arraigado en la gratitud. No puede tener un corazón gozoso sin tener un corazón agradecido. Y no puede ser una persona agradecida y no experimentar gozo. Los que alaban a Dios experimentarán gozo. Y los que están llenos de gozo le agradecerán a Dios. El gozo y la gratitud siempre van juntas.

La mayoría de nosotras caminamos por la vida con una

venda espiritual gigantesca sobre los ojos, enfocándonos en lo que no tenemos en lugar de ser agradecidas por lo que tenemos. *¿Por qué ella puede comer chocolate todo el día sin que se le note en las caderas? ¿Por qué ella está casada y yo no? ¿Por qué ella tiene esos hijos y yo tengo estos? ¿Por qué ella obtuvo un aumento y yo no? ¿Por qué ellos pueden vivir allí y yo tengo que vivir acá? ¿Por qué oré para que mi ser querido fuera sanado y no lo fue, pero su ser querido sí lo fue?* Como nos advierte C. S. Lewis, tenemos la tendencia a "rechazar lo bueno que Dios nos ofrece porque, en el momento, esperábamos otro bien".[1]

En lugar de estar llenas de gratitud por la increíble bondad de Dios, su misericordia y generosidad para con nosotras, estamos cegadas por nuestras necesidades no satisfechas y lo acusamos de no preocuparse por nosotras. El gozo simplemente no puede crecer en la presencia de la ingratitud.

Cuando nuestro corazón no ve la bondad de Dios, no le va a dar las gracias a Él. Usted no va a experimentar gozo porque está poniendo su energía en lo que no tiene, lo que no le gusta de la vida y lo que le gustaría que fuera diferente. Usted ignora todo lo que Dios ya hizo y que seguirá haciendo en su vida.

En el Antiguo Testamento, leemos que los israelitas construían altares para agradecerle a Dios. No solamente construyeron el altar en el tabernáculo y en el templo, sino también monumentos de piedra en medio de sus viajes para agradecerle a Dios por la manera en que se había mostrado en su vida.

En Josué 4, por ejemplo, Dios le dijo a Josué que escogiera doce hombres, uno de cada tribu de Israel, para tomar doce piedras de en medio del río Jordán y colocarlas donde los sacerdotes que habían cargado el arca del pacto se habían parado.

Después de que esto se hizo, Josué le dijo a los israelitas.

> En el futuro, cuando sus hijos les pregunten: "¿Por qué están estas piedras aquí?", ustedes les responderán: "Porque el pueblo de Israel cruzó el río Jordán en seco." El Señor, Dios de ustedes, hizo lo mismo que había hecho con el Mar Rojo cuando lo mantuvo seco hasta que todos nosotros cruzamos. Esto sucedió para que todas las naciones de la tierra supieran que el Señor es poderoso, y para que ustedes aprendieran a temerlo para siempre.
>
> JOSUÉ 4:21-24

Por generaciones después de ello, la gente que pasaba por ese montón de piedras veía ese altar que representaba algo que Dios había hecho. Dios sabía que eran un pueblo olvidadizo. Pero obedecieron el mandamiento de Dios para marcar su presencia en su vida para que ellos, y los que los siguieron, recordaran su bondad.

No es probable que usted y yo construyamos un monumento en nuestro patio trasero esta semana. No obstante, la desafío, a tomar una caminata en los días que vienen para buscar una piedra; una lo suficientemente grande que capture su atención cuando la vea. Tráigala a casa, póngala en su escritorio o en la encimera de la cocina, y deje que sea un recordatorio visible para agradecerle a Dios por estar presente en su vida. Esa piedra memorial la llevará de vuelta a la posición de ser una persona agradecida. Entonces puede alabar a Dios como el rey David en Salmos 126:3: "Sí, el

Señor ha hecho grandes cosas por nosotros, y eso nos llena de alegría".

Algunas de ustedes quizá estén listas para ir todavía más profundo en convertirse en una mujer de gratitud; si no por otra razón que por incrementar su propio nivel de gozo. Alguien ha dicho: "Para el corazón que encuentra gozo en las cosas pequeñas, en todas las cosas, cada día es un regalo maravilloso". Durante años mi querida cuñada, Chaundel, ha llevado un diario de gratitud en el que escribe un punto cada día por el cual darle gracias a Dios. Algunos días el "agradecimiento" es tan pequeño como: "Gracias, Dios, por el martes de tacos", o: "Gracias, Dios, por la lluvia", o: "Gracias, Dios por mi marido paciente". No es maravilla que tenga un corazón agradecido y lleno de gozo.

Usted está aquí: Viva el momento

Una de mis amigas más queridas, Dee, tiene cinco hijos, dos de ellos con parálisis cerebral y una de ellas, Meagan, con parálisis cerebral severa.

Un día, cuando Meagan era más chica, Dee estaba en el piso con sus otros cuatro hijos. Se estaban riendo y haciéndose cosquillas, haciendo todas las cosas graciosas que les gusta hacer a los niños.

Meagan estaba simplemente sentada en su silla de ruedas, viendo melancólicamente como retozaban.

Dee decidió sacar a Meagan de su silla de ruedas y ponerla en el suelo en medio de sus hermanos. Los músculos de Meagan son muy rígidos, y ella casi no tiene la capacidad de controlar sus movimientos, así que sentarse en el piso con sus juguetones hermanos la dejó en una posición relativamente vulnerable. Pero en el instante que Dee la puso en el piso, su rostro se iluminó con una sonrisa del tamaño del mundo. Su deleite por estar en el montón de hermanos juguetones era palpable. Dee se paró a la orilla del montón revoltoso de preciosos niños y se dijo a sí misma: "¡Estoy *disfrutando* este momento!".

¿Tuvo Dee que poner a Meagan de vuelta en la silla de ruedas unos minutos después? Sí. ¿Haber estado en el piso con sus hermanos sanó la condición física de Meagan? No. ¿Ese momento de juegos se llevó el aguijón de las limitaciones o del dolor o de las dificultades? No. Pero cuando Dee abrió su corazón a vivir el momento, abrió su corazón al gozo.

Unos meses después, yo estaba en la playa con uno de mis hijos que estaba enfrentando algunos desafíos graves. No estaba en la escuela como sus hermanos; tenía que hacer las cosas de manera distinta. Yo estaba doliéndome por lo que estaba pasando en su vida y en la mía.

Habíamos ido a ver las pozas de marea un día después de una gran tormenta, así que había madera y basura regada en la arena. La playa no tenía una vista agradable. Había nubarrones en el cielo que hacían juego con mi humor. Seguía pensando: *Dios, esto no me gusta. Quiero que él esté disfrutando una vida normal como los otros muchachos de su edad.* Esto es tan triste.

Tuve un recuerdo repentino de la conversación que habíamos tenido Dee y yo unos meses antes. Oprimí el botón de pausa en mis pensamientos reflexivos y miré a mi hijo. En ese momento se estaba riendo mientras saltaba por la playa, esquivando las olas y persiguiendo una gaviota. Dije: *¡Dios, estoy disfrutando este momento!* La situación no cambió; los desafíos seguían siendo tan atemorizantes como minutos antes, pero al reestructurar el dolor conscientemente, yo estaba en paz. Disfrutar un momento no remueve el dolor, pero abre un espacio para el gozo.

Para experimentar gozo diariamente, aprenda lo que significa vivir el momento. Observe que dije *vivir el momento,* y no *vivir para el momento.* Vivir *para* el momento es irresponsable y lleva a decisiones que quizá lamente. Quizá ya tenga un testimonio de lo que significó para usted vivir *para* el momento.

Vivir *el* momento nos ayuda a reconocer que Dios se puede encontrar en este momento, sin importar que contenga gozo o tristeza. Como una perfeccionista, siempre estoy esperando un momento *perfecto* antes de disfrutarlo. ¡Pero nada es siempre perfecto! Por eso es que la Biblia nos anima a que vivamos "aprovechando al máximo cada momento oportuno" para hacer el bien (Efesios 5:16). Aproveche este momento al máximo. Aproveche al máximo esta oportunidad para hacer el bien. Aproveche al máximo esta oportunidad para buscar gozo.

El problema es que somos codiciosas. No solamente queremos *momentos.* Queremos semanas y días y meses y años. Queremos toda una vida. Y si no podemos tener grandes bloques de tiempo que sean maravillosos y libres de estrés, decidimos que no podemos ser gozosas.

Sin embargo, algunas veces los momentos son todo lo que tenemos. Usted y yo podemos decidir que tenemos *este* momento, y vamos a decidir disfrutarlo. No estamos negando que tengamos problemas. No estamos diciendo que nuestra vida esté envuelta pulcramente con un moño y que tenemos todo arreglado. Solamente significa que este momento es un regalo de Dios y que lo vamos a aquilatar. Lo vamos a disfrutar.

Como dice Mike Mason: "La decisión de regocijarse en el presente cambia no solamente el presente, también cambia mi visión del pasado y enciende mi futuro con esperanza".[2]

He dejado de exigir que un momento dure más de lo que puede. No necesito que un momento sea más de lo que es: un breve espacio de tiempo que ha sido dado por un Padre generoso. Voy a exprimir cada pedacito de placer de *este* momento porque no sé cuando vendrá el siguiente.

Raras veces estamos satisfechas con el hoy; pasamos mucho tiempo lamentando el pasado irrepetible y deseando que pudiéramos tener otra oportunidad para cambiarlo, o gastamos nuestra energía preocupándonos y teniendo ansiedad por el futuro que no podemos conocer. De cualquier modo, ignoramos o minimizamos el HOY.

En Salmos 118:24 leemos: "Este es el día que hizo el Señor; nos gozaremos y alegraremos en él" (NTV). Intente este ejercicio: Repita este versículo en voz alta, haciendo énfasis en una palabra diferente cada vez.

Este es el día que hizo el Señor; nos gozaremos y nos alegraremos en él.

Este *es* el día que hizo el Señor; nos gozaremos y nos alegraremos en él.

Este es el *día* que hizo el Señor; nos gozaremos y nos alegraremos en él.

Este es el día que hizo el *Señor;* nos gozaremos y nos alegraremos en él.

Este es el día que *hizo* el Señor; nos gozaremos y nos alegraremos en él.

Se sorprenderá de cómo este versículo cobra vida. Algo va a comenzar a cambiar en lo profundo de su alma, y usted dejará de insistir en que Dios le dé días, semanas, meses, años o toda una vida. Usted dejará de buscar el tiempo perfecto para empezar a vivir. Usted comenzará a disfrutar los momentos de su vida, a partir de ahora.

Si usted quiere incrementar el nivel de gozo en su corazón, usted tiene que decidir si usted está en dolor o no, este es el momento en el que usted está. Dios puede ser hallado en este momento.

La decisión de regocijarse: Encuentre la bendición en el desastre

Corrie ten Boom fue una mujer holandesa quien, con su familia, escondieron judíos de los nazis durante la Segunda Guerra Mundial. Cuando un informante holandés los delató, la familia ten Boom fue arrestada y enviada a campos de concentración.

En su libro *El refugio secreto*, Corrie cuenta su experiencia con su hermana, Betsie, en un conocido campo de concentración alemán llamado Ravensbrück. (Más tarde Betsie murió allí, solo unos días antes de que Corrie fuera liberada).

Cuando Corrie y Betsie llegaron a las barracas de Ravensbrück, Betsie le dio gracias a Dios por cada aspecto del miserable lugar, incluyendo las pulgas que infestaban las sucias sábanas delgadas. Corrie le agradeció a Dios por tener una Biblia, por estar con su hermana e incluso por las mujeres a su alrededor, pero tenía problemas para agradecerle a Dios las pulgas.

Corrie y Betsie querían dirigir un estudio bíblico para las mujeres de sus barracas sobrepobladas y sofocantes. Si hay un pedazo del infierno en la tierra, es un campo de concentración. Y si alguna vez existieron mujeres en necesidad de saber que había un Dios que las amaba y que no había olvidado sus nombres, eran esas mujeres. Pero Corrie sabía que si los guardias las pillaban dirigiendo el estudio, Corrie y su hermana podrían ser dejadas sin comer, torturadas o incluso ejecutadas.

Así que cuando comenzaron a tener los estudios eran precavidas. Sin embargo, pronto descubrieron que los guardias no las molestaban. Aunque los guardias parecían estar presentes en cada momento del día, al parecer nunca se molestaban por esa parte de las barracas.

Betsie descubrió por qué: Los guardias no querían acercarse a esas horribles pulgas. A las mujeres se les permitió estudiar la Biblia, orar y alabar a Dios gracias a esas pulgas. Las hermanas descubrieron que *había* una razón para darle gracias a Dios por todo.

No estoy segura de como poder agradecerle a Dios por estar cubierta de pulgas. Pero Betsie vivía conforme a nuestra definición de gozo: Ella tenía la tranquila seguridad de que Dios estaba en control de todos los detalles de su vida, la confianza apacible de que finalmente todo iba a estar bien y la decisión determinada de alabar a Dios en todas las cosas. Ella tomó la decisión de regocijarse.

Hace unos años, escuché a un consultor profesional de estrés decir que una de las maneras de reducir el estrés e incrementar el gozo es encontrar "la bendición en el desastre". Encontrar la bendición en el desastre es la manera secular de decir Romanos 8:28: "Ahora bien, sabemos que

Dios dispone todas las cosas para el bien de quienes lo aman, los que han sido llamados de acuerdo con su propósito". Incluso en nuestros peores desastres, podemos encontrar bendiciones si las buscamos.

¿Quién encuentra bendiciones en los desastres? ¿Las personas naturalmente alegres y felices? Probablemente. ¿Las personas que son delgadas, bellas y talentosas? No necesariamente.

Las personas que encuentran bendiciones en el desastre son las que las buscan de manera intencional. En cada obra maestra hay un defecto; en cada bien en la Tierra hay algo que no está completamente bien. Pero los raíles paralelos de bien y mal también significan que en todo lo malo podemos encontrar algo digno de alabanza. Como dice Filipenses 4:8: "Por último, hermanos, consideren bien todo lo verdadero, todo lo respetable, todo lo justo, todo lo puro, todo lo amable, todo lo digno de admiración, en fin, todo lo que sea excelente o merezca elogio".

Llenar nuestra mente de cosas buenas no significa vivir en negación. Significa ver los desastres de nuestra vida y encontrar los lugares en los que el gozo se está escondiendo. Los dos raíles del gozo y el dolor correrán inseparablemente hasta el día en que nos encontremos con Jesucristo. A medida que usted y yo vivamos en "el mientras tanto", busquemos las bendiciones, busquemos lo que está bien.

> Las personas que encuentran las bendiciones en el desastre son las que las buscan intencionalmente.

Una viuda que recientemente perdió a su marido me contó de un gozo inesperado en su vida. "No va a creer esto—me dijo—. Pero uno mis tesoros ahora es mi habitación. Mi esposo remodeló nuestra habitación poco antes de morir. Ahora cuando entro, veo lo que él creó para mí. Veo su amor por mí desplegado en cada cosa que hizo. Y cuando entro en nuestra habitación, digo en voz alta: 'Gracias. Gracias por mostrarme tu amor'".

Muchas de nosotras asumiríamos que entrar en esa habitación le traería una nueva ola de dolor por todo lo que está extrañando. Pero esta es una mujer que ha decidido en su maduro caminar con Dios que va a buscar el gozo, un tesoro, incluso en sus tinieblas más desastrosas.

Con frecuencia cuando nos suceden cosas malas, las primeras palabras que salen de nuestra boca son: "¿Por qué?", o: "¿Por qué a mí?". Philip Bernstein dijo: "No tenemos derecho de preguntar cuando viene el dolor '¿Por qué me sucedió esto a mí?', a menos que hagamos la misma pregunta por cada gozo que nos llega".[3]

No sé si lo hayan notado o no, pero Dios pocas veces responde esa pregunta; por lo menos no en las palabras que queremos escuchar. Como dice C. S. Lewis en su novela *Mientras no tengamos rostro:* "Ahora sé Señor, porque no pronuncias respuesta. Tú mismo eres la respuesta. Delante de tu rostro las preguntas se desvanecen".[4]

Algunos de los desastres en los que estamos usted y yo los generamos nosotras mismas. Algunos de ellos fueron causados por otras personas. Algunos de ellos simplemente sucedieron por que vivimos en un mundo roto. Pero aquí hay una verdad de la cual tengo certeza: Es de los desastres de nuestra vida que proviene el ministerio. Es por los desastres que pensamos que nunca podremos ser redimidas, que nunca pueden contener una bendición escondida, que Dios nos quiere ministrar. Y a partir de esa ministración y de esa intimidad con Dios viene gran gozo.

Mi propia vida ha tenido muchos desastres que contenían muchas bendiciones. Mi matrimonio comenzó de una manera bastante, bastante difícil. Algunos años Rick y yo no sabíamos si lo íbamos a lograr. Estábamos comprometidos entre nosotros, creyendo que las promesas que nos hicimos delante de Dios eran vinculantes, pero no parecía que pudiéramos vencer nuestras diferencias. Teníamos que perdonarnos tanto, y venir una y otra vez y decir: "Comencemos de nuevo".

La bendición en ese desastre es que cuando las mujeres se me acercan y me dicen: "No puedes saber cómo es vivir en un matrimonio en el que no estás segura de que vaya a funcionar. No puedes decirme que debería seguir casada o que debería trabajar en él porque tú no sabes". Puedo mirarlas y decirles: "Sí lo sé. Conozco un poco de lo que estás pasando. Y sé que si Dios puede tomar personas tan distintas como Rick y yo, y desarrollar una relación hermosa, estable y feliz, Él también puede hacer eso por ti". Hubo una bendición escondida en ese desastre.

Cuando el hijo del conserje de nuestra iglesia me agredió sexualmente cuando era niña, no parecía otra cosa más que un desastre. Generó años de problemas y quebranto. Pero finalmente busqué consejo y, con el tiempo, Dios ha reparado mucho del daño. Ahora casi no hay ocasión en la que hable con un grupo de mujeres que una mujer no se me acerque al final de la charla para decirme: "Nunca le he dicho esto antes a nadie, pero pasé por una experiencia similar. Si Dios te pudo sanar, quizá me pueda sanar a mí". Y ese desastre por el que pasé le da esperanza a otras mujeres.

Tener cáncer de mama y melanoma definitivamente fue un desastre, pero como ya mencioné, estar enferma fue finalmente una bendición que abrió puertas para el ministerio que de otro modo hubieran permanecido cerradas.

Le puedo decir esto: He descubierto un caminar más vibrante y rico con Jesucristo que el que he tenido en cualquier otro punto de mi vida. Mi alma se identifica con el apóstol Pablo en 2 Corintios 7:11: "Fíjense, en efecto, en los frutos que esa tristeza conforme a la voluntad de Dios ha producido en ustedes: ¡Qué forma de preocuparse, de presentar excusas, de sentirse indignados por lo sucedido, y al mismo tiempo, asustados! ¡Qué añoranza por verme, qué interés por resolver el asunto, qué impaciencia por hacer justicia! Han demostrado, hasta donde es posible, que no son culpables de lo sucedido" (BLPH).

En este momento estoy buscando la bendición en el desastre de la enfermedad mental mientras oro por un ser querido. Confiar en Dios todavía no ha dado como resultado la sanidad, y una vez más, me encuentro contra el mar Rojo; cercada por la retaguardia por un cruel enemigo que no puedo controlar. La oración sin respuesta y las "bendiciones en el desastre" que no están claras me están enseñando acerca de la confianza radical y audaz en un Dios que permanece siendo en mucho un misterio para mí. Pero esta es la línea final para mí: Preferiría caminar cada día en la oscuridad con un Dios que permanece en el misterio que en la luz con un Dios que entiendo completamente. ¿Por qué? Porque es solamente en los desastres que comenzamos a desarrollar la fe vibrante que lleva al gozo diario.

Pase el gozo a otros

Una nueva amiga, Becky Johnson, articuladamente es la suma del poder potencial que tiene cada una de nosotras para traer gozo a la vida de otros a medida que cooperamos con el proceso de Dios de transformarnos de mujeres de dolores a mujeres de gozo.

"Recientemente encontré una fotografía que mi esposo, Greg, tomó del lago Cráter, que es el lago más puro, azul y profundo de los EE. UU. Recuerdo el silencio como de otro mundo a su alrededor. Cuando visualizo la palabra *paz*, esta es la imagen que me viene a la mente ahora.

Este lago fue formado por una erupción volcánica que dejó un enorme agujero abierto para recibir lluvia y nieve hasta que este espléndido lugar de tranquilidad se formó.

¿No es esta una metáfora fabulosa de la vida? Parece ser que la crisis, el fracaso, la erupción (haber 'volado todo lo que estaba antes') sucede en algún punto para la mayoría de nosotras, dejándonos, espero, abiertas por completo, con espacio para ser llenadas, lenta, pero seguramente, con nueva lluvia fresca del cielo. Usted es cambiada, y si le permite a Dios hacer su obra, usted con el tiempo se volverá un lugar de profundidad, belleza y serenidad para otros".

¿No es eso lo que queremos? ¿No aspiramos todas a ser mujeres que dejen marcas de bendición en la vida de las personas que tocamos? ¿No todas deseamos ver los lugares rotos en nosotras sanados y restaurados para que podamos ser una parte de la sanidad y la restauración de otros? ¿No anhelamos ser una inspiración para otras que están viendo nuestra vida? ¿No deseamos desde el centro de nuestro ser estar en la breve lista de alguien más de mujeres que vivieron el llamado de Dios a escoger el gozo; sin importar qué? Creo que así es.

Desear y anhelar y ansiar y aspirar no lo hará realidad. Pero si escogemos convertirnos en ese tipo de mujer, podemos.

Por la gracia del Señor Jesucristo, y el amor de Dios, y la comunión del Espíritu Santo, podemos convertirnos en mujeres de gozo.

ORACIÓN

Padre, tengo miedo. Miedo de creer que puedo ser diferente, de que puedo cambiar. Miedo de creer que puedes reemplazar mi lamento en baile y de que puedo llegar a ser la mujer que siente la tristeza de la vida pero que aun así decide procurar el gozo. Quiero vivir hoy, en este momento, como alguien que escoge gozo. Dame la fuerza y la valentía de buscar tus bendiciones en esta travesía. En el nombre de Jesús, amén.

Para reflexionar y aplicar

1. ¿En qué ha olvidado ser agradecida con Dios? Considere empezar un diario de gratitud y escribir una bendición cada día durante treinta días. Puede ser tan simple como una palabra o frase.

2. Tome un minuto para pensar en el día que tiene delante. Piense en los momentos de su día en los que puede desacelerar y vivir plenamente en los momentos que Dios le da con su familia, amigas y Él. Comprométase a abrazar cada momento en su imperfección.

Conclusión

*Que el Dios de la esperanza los llene de toda
alegría y paz a ustedes que creen en él, para
que rebosen de esperanza por el poder del
Espíritu Santo.*

—ROMANOS 15:13

A medida que usted iba leyendo este libro
probablemente quedó desagradablemente sorprendida de que no es tan fuerte o tan amable o tan
gozosa como pensaba. Sé lo que quiere decir; yo tampoco lo
soy. Pero en lugar de rendirnos en la búsqueda del gozo, per-
mitamos que esa realidad nos lleve a un lugar de esperanza;

esperanza de que Dios ya está obrando dentro de nosotras, que ese mover que sentimos en nuestra alma de hecho significa que el gozo puede ser nuestro.

Mis hermanas, si fuéramos a experimentar el gozo en esta vida, solamente hay una manera posible: Tenemos que escogerlo. Tenemos que escogerlo *a pesar de* circunstancias increíbles. Tenemos que escogerlo *en medio de* una situación que parece difícil de soportar. Tenemos que escogerlo *incluso si* nuestra peor pesadilla se vuelve realidad.

Esto no es lo que queremos escuchar. Seguimos tratando de organizarnos, para suavizar los puntos ásperos, y darle soporte a todos los puntos endebles, todavía convencidas de que si nos ponemos en orden, terminamos el gran proyecto, nuestra salud se mejora, obtenemos un aumento o podemos hacer que las cosas estén *bien*, finalmente podremos tener gozo.

Pero las cosas no se dejan organizar; no por mucho tiempo. Los puntos ásperos se ponen más ásperos, y los puntos endebles algunas veces amenazan con derribar por completo nuestras vidas construidas cuidadosamente. Estoy bastante segura de que esto es cierto para todas nosotras, no solamente para las perfeccionistas. No. Si usted va a experimentar gozo, debe escogerlo; a pesar de, incluso si, y en medio de todo lo demás.

Así que pregúntese: *¿Qué circunstancia inamovible es un obstáculo para que escoja el gozo?* ¿Qué está sucediendo ahora que quizá cambie o quizá no? ¿Qué temores por el futuro evitan que escoja el gozo? ¿Dónde se me está yendo el avión?

Lo que sea que haga, no pierda el gozo. No pierda la

razón de su existencia. Pase unos minutos ahora en quietud y hable con Dios desde su corazón. Diga algo como esto:

Dios, gracias por tu amor y pasión por mí y por aceptarme en tu familia a través de Jesucristo. Estoy tan sorprendida de ser tu amada, pero estoy eternamente agradecida.

Gracias por Jesucristo. Su vida como un varón de dolores y un hombre de gozo me da permiso de buscar una vida de gozo para mí misma. Gracias por tu Espíritu Santo, quien generosamente me dio el regalo del gozo, como parte de mi herencia espiritual, de mi derecho de nacimiento; escojo luchar por mi derecho de experimentar gozo.

Escojo dejar de cavar cisternas rotas que no pueden retener agua. Decido ya no recurrir a la gente, los lugares, las posiciones, las posesiones y mi personalidad para encontrar gozo.

Escojo en lugar de ello encontrar mi gozo en la verdadera fuente de gozo: ¡TÚ! Tú eres el único que tiene manantiales que sacian mi alma de agua viva que nunca me dejará seca.

Decido buscar lo eterno sobre lo temporal cada vez. Decido meditar en quién eres tú de modo que pueda alinear mi sistema de valores con el tuyo, Dios, con el sistema de valores del cielo. Allí es donde voy a escoger colocar mi mente y mis pensamientos.

Decido ser una mujer que cultiva el gozo en sí misma y en la vida de los que has puesto en mi camino. Decido ser una desarrolladora de gozo en lugar de una exterminadora de gozo. Decido crecer en las actitudes del corazón de gracia, confianza, equilibrio, aceptación, pensamientos positivos de los demás, amor que no critica, empatía y aprecio.

Decido hacer los cambios en mi vida diaria que me ayuden a vivir una vida de gozo. Decido valorarme de la manera en que me valoras, intencionalmente buscar mentoras de gozo y no quedar atrapada en las pequeñas irritaciones de la vida diaria. Escojo amar sin reservas, para aprovechar los placeres que brindan mis sentidos, reírme a carcajadas y convertirme en una dadora hoy, no algún día en el futuro.

Decido vivir con un corazón agradecido, con los ojos abiertos para ver tu bondad. Escojo amar carda momento de la vida que me des, sin importar que contenga momentos de tristeza o de gozo. Decido buscarte a ti y el gozo en cada circunstancia desastrosa que permitas.

Escojo desarrollar una tranquila seguridad de que estás en control de todos los detalles de mi vida. Decido estar apaciblemente confiada en que finalmente todo va a estar bien. Y escojo alabarte en todas las cosas, incluso en las cosas que no puedo entender. Confío en ti, Dios.

Valientemente escojo el gozo, porque la felicidad nunca será suficiente.

¡Escojo el gozo!

Notas

Capítulo 1: Busque una vida de gozo

1. Shannon Royce, Chosen Families.org, http://chosenfamilies
.org/welcome-to-chosen -families/.

2. John Eldredge, *El despertar de los muertos* (Nashville:
Thomas Nelson, 2003), 34.

3. Lewis Smedes, *How Can It Be All Right When Everything
Is All Wrong?* [¿Cómo puede todo estar bien cuando todo está tan
mal?] ed. rev. (Wheaton: Harold Shaw, 1999), 27, 43.

4. La cita exacta de Sailhamer es: "El gozo es esa tranquila confianza de que Dios está en control en cada área de mi vida". Citado
en Tim Hansel, *You Gotta Keep Dancin'* [Tienes que seguir bai-
lando] (Colorado Springs: David C. Cook, 1998), 54.

Capítulo 2: Muestre la manera en que usted es realmente

1. Ronald Dunn, *When Heaven Is Silent: Trusting God When
Life Hurts* [Cuando el cielo está en silencio: Confiar en Dios
cuando la vida duele] (Fort Washington, PA: CLC Publications,
2008), 27.

Capítulo 3: Redescubra a Jesús, el hombre de gozo

1. Mateo 11:16-19, The Message, traducción libre del inglés.

Capítulo 4: Beber de pozos secos

1. Larry Crabb, *De adentro hacia afuera* (Colorado Springs: NavPress, 1988), 54.

2. M. Craig Barnes, *When God Interrupts: Finding New Life through Unwanted Change* [Cuando Dios interrumpe: Cómo encontrar nueva vida mediante el cambio no deseado] (Downers Grove, IL: InterVarsity, 1996), 124.

Capítulo 5: Adopte el sistema de valores del cielo

1. Padre Pio, http://stdavidsanglican.com/prayermeditation .htm.

2. Carol Kent, *When I Lay My Isaac Down* [Cuando entregué mi Isaac] (Colorado Springs: NavPress, 2004), 29.

Capítulo 6: Crea incluso en la oscuridad

1. Henri Nouwen, *Can You Drink the Cup?* [¿Pueden beber del vaso?] (Notre Dame, IN: Ave Maria Press, 2006), 51.

Parte 3: El gozo es una condición de mi corazón

1. Mike Mason, *Champagne for the Soul* [Champaña para el alma] (Vancouver, BC: Regent College Publishing, 2006), 26.

Capítulo 7: Alimente el gozo en usted misma

1. C. S. Lewis, The World's Last Night: And Other Essays [La última noche del mundo, y otros ensayos] (New York: Harcourt, 1960), 86.

2. Sarah Young, *Jesús te llama* (Nashville: Thomas Nelson, 2004), 59.

3. Annie Dillard, *Vivir, escribir* (Ediciones Fuentetaja, 2007), 32.

4. J. R. R. Tolkien, *La comunidad del anillo* (Minotauro, 2006), 50.

5. Richard Carlson, *No te ahogues en un vaso de agua* (Clave), 9.

Capítulo 8: Alimente el gozo en otros

1. C. S. Lewis, *Cartas del diablo a su sobrino* (Rayo, 2006), 17.
2. Taylor Caldwell, *Solo él sabe escuchar* (Grijalbo 1991), 9.

Parte 4: El gozo es una decisión de mi conducta

1. Gail Sheehy, "Meet the Happiest Woman in America," [Conozca a la mujer más feliz de los EE. UU.] *USA Today*, 31 de octubre de 2011.

Capítulo 9: Vuelva a lo básico

1. Para mayor información sobre estudios e investigación, visite el sitio web de los Centros de Control de Enfermedades y Prevención en www.cdc.gov/physicalactivity/everyone/health/index.html.

2. Paul Tournier citado en Tim Hansel, *You Gotta Keep Dancin'* [Tienes que seguir bailando] (Colorado Springs: David C. Cook, 1998), 104.

Capítulo 10: Amar y reír juntos

1. Sir John Lubbock, *The Use of Life* [La utilidad de la vida] (Charleston, SC: BiblioBazaar, 2009), 197.

2. Henri J. Nouwen, *In the House of the Lord: The Journey from Fear to Love* [En la casa del Señor: La travesía del temor al amor] (London: Darton Longman and Todd, 1986), 67.

Capítulo 11: Vea gozo en todas las cosas

1. C. S. Lewis, *Letters to Malcolm: Chiefly on Prayer* [Cartas a Malcolm, principalmente sobre la oración] (Boston: Houghton Mifflin Harcourt, 2002), 26.

2. Mike Mason, *Champagne for the Soul* [Champaña para el alma] (Vancouver, BC: Regent College Publishing, 2006), 22.

3. Bob Kelly, *Worth Repeating: More than 5,000 Classic and Contemporary Quotes* [Vale la pena repetirlo: Más de 5,000 citas clásicas y contemporáneas] (Grand Rapids: Kregel, 2003), 317.

4. C. S. Lewis, *Mientras no tengamos rostro* (Andrés Bello, 1997), 308.

Datos de la autora

Kay Warren, es cofundadora de la iglesia Saddleback Church en Lake Forest, California, y también es fundadora de la HIV and AIDS Initiative [La iniciativa VIH y SIDA] de Saddleback Church. Es maestra de Biblia, autora y oradora internacional. Warren viaja frecuentemente alrededor del mundo para alentar a hombres y mujeres VIH-positivos, así como a niños vulnerables al virus, y hoy es una poderosa voz a su favor. En 2007, Kay escribió el libro *Una entrega peligrosa*, el cual fue republicado en 2010 como una edición corregida y aumentada en rústica con el nuevo título *Dile sí a Dios*. Además, Warren también fue coautora de *Fundamentos*, un curso de teología sistemática que se utiliza en iglesias de todo el mundo. Vive en el sur de California con su esposo, Rick; tienen tres hijos y cinco nietos. Conozca más acerca de Kay Warren en www.KayWarren.com y sígala en Facebook (Kay Warren) y en Twitter (KayWarren1). Suscríbase a las meditaciones diarias que publica Kay en www.KayWarren.com/Devotions.